MONIKA FRENZEL

GARTENKUNST IN TIROL

VON DER RENAISSANCE BIS HEUTE

MONIKA FRENZEL

GARTENKUNST IN TIROL

VON DER RENAISSANCE BIS HEUTE

HISTORISCHE GÄRTEN IN NORD-, OST- UND SÜDTIROL

TYROLIA-VERLAG · INNSBRUCK-WIEN

INHALT

DIE BEDEUTENDSTEN GARTENANLAGEN TIROLS, GEPRÄGT DURCH LANDESFÜRSTEN UND STATTHALTER: SCHLOSS AMBRAS UND DER HOFGARTEN

DIE FEUDALEN GARTENSCHÖPFUNGEN DES ADELS NACH VORBILD DES HOFES

DIE GÄRTEN DER KLÖSTER UND KIRCHEN

DER STILPLURALISMUS IN DER GARTENKUNST
DES 19. JAHRHUNDERTS

GARTENKUNST DES 20. JAHRHUNDERTS IN TIROL

Vorwort

In zunehmendem Maße hat man sich im Lauf der letzten Jahrzehnte seitens der Kunstgeschichte und Denkmalpflege der Gartenkunst zugewandt. Die historischen Gärten sind stärker als andere Kunstwerke architektonischer, materieller Natur dem zeitlichen Verfall ausgesetzt oder drohen, Opfer kurzfristiger ökonomischer Interessen zu werden. Die im österreichischen Denkmalschutzgesetz festgeschriebene, völlig unsinnige Vorstellung, es handle sich bei einem Garten um ein Produkt der Natur und nicht um ein von Menschen geschaffenes Kunstwerk, steht im europäischen Vergleich einzig dar; dementsprechend schwer tun sich die Denkmalschützer, wenn sie die in Österreich noch vorhandenen historischen Gärten zu erhalten suchen. Daß dennoch bedeutende Anlagen wie der Belvederegarten auf die amerikanische Liste bedrohter Kulturdenkmäler oder Schönbrunn mit Garten in jene des Weltkulturerbes aufgenommen wurden, spricht dafür, daß die Welt das Auge auch auf unser Land gerichtet hält und eine andere Sicht der Dinge vertritt als der Gesetzgeber hierzulande. Es ist zu hoffen, daß man sich auch in Österreich eines Besseren besinnt.

Die Erhaltung eines Gartens ist ohne Zweifel kostenintensiver als die eines Gebäudes oder Gemäldes – bedarf es doch praktisch der täglichen Fürsorge, um das Wachsen und Gedeihen der Natur in die vorgezeichneten Bahnen zu lenken. Es gilt gleichsam eine Balance zwischen Ratio und Natur zu finden, um das geistige Konstrukt und den ästhetischen Reiz der lebendigen Natur sinnfällig werden zu lassen. Der Garten ist und war stets in der Vielfalt seiner Gestaltungsformen ein Gesamtkunstwerk, das Architektur, Plastik und Malerei gleichermaßen einbegriff und zudem immer auch den Betrachter in das Kräftespiel der Elemente mit einbezog; umso größer der Bedarf, diese dynamischen, aber doch fragilen Gebilde in ihrer historischen Authentizität wissenschaftlich zu erfassen und einem breiten Publikum vor Augen zu führen. Nach den Publikationen von Géza Hajós über die romantischen Gärten Wiens und anderer bedeutender historischer Gärten Österreichs liegt nun auch diese verdienstvolle Präsentation Monika Frenzels der bedeutsamen historischen Gärten in Tirol vor, das durch seine geographische Lage als wichtiger Vermittler zwischen Italien und dem Alpenraum zu gelten hat. Den Besitzern und Betreibern solcher Gärten ist hoch anzurechnen, daß sie sich der Aufgabe und dem nicht unerheblichen ökonomischen Aufwand stellen, um so diese Zeugnisse einer der Natur verpflichteten Kunst vor dem Untergang zu bewahren. Die historischen Gärten sind Teil unseres historischen Erbes, ein Kulturgut, das die eigene Identität mitbestimmt und unsere Heimat ausmacht.

o. Univ.-Prof. Dr. Götz Pochat
Präsident der Österreichischen Gesellschaft
für Historische Gärten

*li. Seite: Flaurling, Risgebäude,
Barockgarten, Detail*

Historische Gartenarchitektur
als kulturelles Erbe

Zur Definition

Nach internationalen Vereinbarungen im Rahmen von ICOMOS (International Committee of Monuments and Sites) gehören Gärten zur ersten Kategorie von Kulturlandschaften, denen in den Erhaltungsbestrebungen des kulturellen Erbes in letzter Zeit auf der ganzen Welt eine erhöhte Aufmerksamkeit geschenkt wird. ICOMOS spricht von künstlich errichteten, gewachsenen und geschichtsträchtigen Kulturlandschaften, in deren Betrachtung und Behandlung neben ökologischen und wirtschaftlich-sozialen auch historisch-ästhetische (und daher auch touristische) Interessen eine entscheidende Rolle spielen. Der Garten oder der Park ist also eine neuentdeckte historische Kategorie, die im gegenwärtigen kulturellen Leben seit etwa zwanzig Jahren nicht mehr wegzudenken ist. Die Europäische Kommission widmete daher bei der alljährlichen finanziellen Förderung des architektonischen Erbes das Jahr 1993 dem Problem „Garten", um damit auch zum Ausdruck zu bringen, daß die meisten architektonischen Komplexe ohne grünes Umfeld nur mangelhaft zu definieren sind.

Der Garten war und ist ein Ort der immer wieder erstrebten Idylle, der Ruhepol im hektischen Leben, ein künstliches Abbild der idealen Naturvorstellung. Auch der letzte Schrebergarten an der Bahnlinie oder das neuerrichtete soziale Grün am Stadtrand Innsbrucks möchten diesen uralten Vorstellungen entsprechen. Der Garten kann ein winzig kleines Vorfeld des einfachen Hauses veredeln oder als Park einen gewaltigen Landstrich umfassen, verschönern. Die verschiedenen Begriffe in dieser Hinsicht sind aufschlußreich: Bauerngarten, Schrebergarten, Vorgarten, Pfarrgarten, Stifts- oder Klostergarten, Villengarten, Schloßpark, Stadtpark, Erlebnispark, Gartenstadt, Landschaftspark, Parklandschaft, Nationalpark u. v. m. sind heute noch gebräuchliche Alltagswörter, die den Umfang und die Problematik der Grüngestaltung sowie die ganze Palette von Gartenverwandlungen vor Augen führen.

Zur historischen Komponente

Im Garten die historische Dimension zu sehen ist keine leichte Aufgabe, da in ihm die jahreszyklische Existenz der Natur die kulturelle Epochenzugehörigkeit häufig verdeckt, manchmal sogar durch „Verwilderung" zerstört. Dabei haben Gärten genauso wie Bauwerke einen unverwechselbaren historischen Stil, der über die ursprünglichen Intentionen des Menschen aufschlußreich informiert.

Den mittelalterlichen Garten kann man aus illuminierten Handschriften und aus verschiedenen Beschreibungen kennenlernen. Der berühmte St. Gallener Klosterplan aus dem Jahre 82o zeigt drei Gärten (den Gemüsegarten beim Speisesaal,

li. Seite: Reith/Brixlegg,
Schloßpark Matzen, Stiege

den Baumgarten als Friedhof östlich der Kirche und den Gewürzgarten nahe der Apotheke). Der karolingische Walafried Strabo besang in seinem „Hortulus" die wichtigsten Gartenpflanzen. Der Philosoph und Theologe Albertus Magnus entwarf im 13. Jahrhundert sogar ein Gartenschema als Vorbild für alle Anlagen.

Anders ist die Situation mit der Epoche der Renaissance: Hauptsächlich aus dem 16. Jahrhundert gibt es eine ganze Reihe von Baulichkeiten, die ehemals den prächtigen Rahmen für reichhaltig geschmückte und kompliziert konstruierte Gartenbeete darstellen. Das schönste Beispiel ist dafür in Tirol der „Keuchengarten" des Schlosses Ambras, wo kürzlich (1997) die Rekonstruktion eines solchen Beetes mit großem Erfolg verwirklicht wurde. In der Renaissancezeit – wo namhafte Theoretiker wie z. B. Leon Battista Alberti, Verfasser eines Architekturtraktates (1444), der Mönch Francesco Colonna in seinem Werk „Hypnerotomachia Poliphili" (1499), Sebastiano Serlio, ein Architekt und Zeitgenosse des berühmten Palladio, J. A. Du Cerceau, der im letzten Drittel des 16. Jahrhunderts zahlreiche französische Schlösser und Gärten präzise dokumentierte, der Niederländer Vredeman de Vries in seinen Architekturphantasien (um 1570 – 80) und Joseph Furttenbach aus Ulm in seinen Traktaten in der ersten Hälfte des 17. Jahrhunderts das Gartenthema entweder ausführlich behandelten oder illustrierten –, also in der Epoche der Humanisten war der „Garten" die sogenannte „dritte Natur", d. h. die dritte Stufe in der Veredelungsskala: wilde Natur, Agrarnatur, Kunstnatur. Im Garten wollten die Theoretiker ein Lieblingsthema dieser Epoche, nämlich „den Wettstreit zwischen Kunst und Natur" (in den Fußstapfen von Ovids Metamorphosen) behandeln. Der Garten war außerdem die heroische Stätte der Wiederbelebung der Antike, er war Theater und als Kuriositätenkabinett ein „Museum", und er verkörperte schließlich die Machtansprüche des Renaissancefürsten, dem die Welt durch die perspektivischen Mittel der Geometrie „zu Füßen gelegt" wurde.

Der Barockfürst steigerte diese Gartenausdrucksformen ins Unendliche. Versailles oder Schönbrunn sind heute noch gute Beispiele für den Gartenstil dieser Epoche, in der die Franzosen tonangebend waren. Der wichtigste Gartentheoretiker des 18. Jahrhunderts war Dezallier d'Argenville, dessen „Theorie der Gärtnerei" ab 1709 in vielen Ausgaben ganz Europa erreichte und der die Ideen des Gärtners André Le Nôtre systematisch zusammenfaßte und auswertete. Seine Hauptprinzipien lauteten: Der Garten soll größer erscheinen, als er ist, die Natur (d. h. die streng geschorene Vegetation) soll gegenüber der Kunst (d. h. den Baulichkeiten) überwiegen, der Garten soll hell sein und schließlich auch viele Überraschungen beherbergen.

Heute bezeichnet man die Barockgärten gerne als eine „Vergewaltigung der Natur" und versteht dabei nicht, daß dort eine ganz andere Naturphilosophie zum Ausdruck gebracht wurde, als es unsere heutige, von der romantischen Aufklärung geprägte ist. Barockgärten waren Symbolträger einer monumentalen kosmischen Ordnung, wo die Einzelelemente wie Allee (Baumreihe für die Weggestaltung), Parterre (prunkvoll geschmückte Freifläche vor dem Schloß),

Stiftsgarten Hall, Buchsparterre beim Stiftssaal

Boskett (mit Hecken architektonisch gegliederte Waldstücke) oder Brunnenteich
gleich als grammatikalische Abkürzungen für den Wald, für das Meer, für die
Teppiche oder auch für die irdischen Irrwege fungierten. Jeder große Barockgarten war in drei Zonen eingeteilt: künstliches Parterre vor den Augen des
Schloßherrn, halbnatürlicher Boskett für schattige Spaziergänge, Spiele und
verschiedene Unterhaltungen und schließlich der große Wald mit den perspektivischen Schneisen, der oft für Jagdzwecke angelegt wurde. Der Barockpark von
Schönbrunn ist ein gutes Beispiel für diese Kunst-Natur-Zonierung. In Tirol sind
nur kleinere Barockgärten, wie im Kloster Neustift bei Brixen oder beim Schloß
Mühlau in Innsbruck, erhalten, und diese können die ursprüngliche Gedanken-
vielfalt nur mehr bruchstückhaft vermitteln.

Schloß Ambras, Keuchengarten,
„Renaissance-Zitat", 1997

Der „englische Garten" war im 18. Jahrhundert eine Revolte gegen die
französische „Tyrannei" der geschorenen Hecken. Die frei wachsende Natur
symbolisierte ab der Aufklärung die bürgerliche Freiheit des Menschen, der die
mittelalterlichen feudalen Gebundenheiten in der neuentdeckten ästhetischen
Landschaft ein für allemal abwerfen wollte. Die Poesie der beiden Engländer
Joseph Addison und Alexander Pope drückt diese Ideen am schönsten aus.
Der „malerische" (picturesque) Garten in England, der ab 1770 auch auf dem
Kontinent verbreitet wurde, beinhaltete keine geometrisch streng gestalteten
Vegetationsräume mehr, sondern ließ den Weg schlangenförmig gleiten und die
Baumgruppen als gemäldehafte Kulissen erscheinen. Die Namen von Kent,
Chambers und vor allem Capability Brown wurden damals weltberühmt; ihre
Schöpfungen sind z. T. heute noch erhalten (Stowe, Stourhead, Painshill usw.).
In Frankreich war Alexandre de Laborde, in Deutschland Cajus Lorenz Hirschfeld
die größte Autorität des neuen Gartentyps. Der eine verfaßte eine „Voyage
pittoresque" in Paris, der andere die fünfbändige „Theorie der Gartenkunst"
(1779 – 1785) in Kiel.

Im letzten Drittel des 18. und im ersten Drittel des 19. Jahrhunderts sprach
man vom „Naturgarten", meinte jedoch damit den Landschaftsgarten nach male-
rischem Vorbild. Tatsächlich waren es Gemälde des 17. Jahrhunderts, die bei der
Entstehung des „englischen" Parks Pate gestanden sind. Eine wichtige Zielsetzung
der vorhin genannten Gartenschöpfer war es, aus dem Park Landschaft und aus
der Landschaft Park zu machen. Der Fürst von Pückler-Muskau hatte noch in
den zwanziger Jahren des 19. Jahrhunderts die Traumvorstellung, durch einen
riesenhaften Landschaftspark seine Untertanen schon zu ihren Lebzeiten in ein
irdisches Paradies führen zu können. In Innsbruck ist der heutige Hofgarten für
den englischen, malerischen Gartentypus ein gutes Beispiel.

Damit sind wir aber schon mitten im 19. Jahrhundert, wo der Garten bzw. der
Park eine starke soziale, zivilisatorische Dimension erhielt. Die Grüngestaltungen
sollten nicht mehr der sentimentalen Romantik des bürgerlichen Subjekts, sondern den Erziehungs- und Unterhaltungsansprüchen der Volksmassen dienen.
So entstanden zuerst in den Metropolen, dann auch in den Provinzhauptstädten
die prestigebeladenen Stadtparks, die nicht mehr in einem reinen landschaft-
lichen Stil errichtet, sondern mit geometrisch gestalteten Zwischenräumen neuen
Funktionen gewidmet werden sollten. Promenieren, Freizeitvergnügen, Lernen
von der Natur und Kinderspiel waren diese neuen Zielsetzungen der Grüngestaltung, die im städtischen Gefüge auch die Plätze und Straßen umfaßte. Natürlich
waren die Privatgärten weiterhin eine große Aufgabe für Gartenkünstler, denn
der Villenbau spielte im 19. Jahrhundert eine zentrale architektonische Rolle.
In dieser Epoche des „Historismus" war in den Gärten und Parks ähnlich wie in
der Architektur ein „Stilpluralismus" zu beobachten: Neben dem gärtnerischen
Stil („gardenesque style"), wo dendrologische Raritäten (baumkundlich betrachtet seltene Exemplare) wichtig waren, beherrschte das Bild der Parks das sogenannte „Teppichbeet", wo aus Blumen hügelartig geformte und mit einer Palme
bekrönte, geometrisch-verspielte Formationen als handwerklicher Stolz des

Brixen, Herrengarten, Ausschnitt

re. Seite: Innsbruck, Villa Fischer,
Jugendstilpavillon

Gärtners errichtet wurden. Auch die Formen der Barockparterres erlebten eine Wiedergeburt zu dieser Zeit. Die ehemalige Gestaltung der Innsbrucker Grünplätze und die Gartengestaltung der aufstrebenden Kurstadt Meran sind gute Beispiele dieser Epoche.

Im späten 19. Jahrhundert wollte man die letzten Reste der „Pseudolandschaftlichkeit" der Gärten und Parks verbannen und zog die gekünstelten Minilandschaften ins Lächerliche. Das wichtigste Ziel war in der beginnenden Moderne um 1900, den Garten in einen ehrlichen, funktionellen Formalstil zurückzuversetzen. Man betonte die architektonische Einheit von Haus und Garten, wobei in der Reformideologie die soziale Rolle des Grüns in den Vordergrund gestellt wurde. Auch in der Epoche des Art Déco gingen diese Bestrebungen weiter und Terrassen, Treppen, Pergolas sowie Balustraden spielten ein ausgeprägt architektonisches Instrumentarium in der Gartengestaltung. In Innsbruck ist die Villa Fischer ein gutes Beispiel für diese Jugendstiltendenzen.

Seit aber Gertrude Jekyll in England die neue ästhetische Aussagekraft der bunt gemischten Staudenbeete entdeckt hatte, zog in die gärtnerische Bepflanzungsmethode auch ein Naturalismus ein, der schließlich noch immer aktuell ist. Man darf nicht vergessen, daß auch die heutigen Öko- oder Biogärten eine künstliche Schöpfung des Menschen sind, deren „künstlerische Qualität" davon abhängt, wie und wo sie errichtet werden.

Als kulturelles Erbe?

Nichts aus der Vergangenheit der Künste ist so gefährdet wie die historische Gartenkunst, die immer auch mit ephemeren grünen Bausteinen arbeiten muß. Rasen, Blumen, Hecken, Sträucher und selbst Bäume sind kurzlebiger als Bauwerke und ihre Ausstattung. Deshalb hat sich die Denkmalpflege vor diesem Aufgabengebiet lange gescheut. Während die Baudenkmalpflege schon seit der Zeit um 1900 eine feste Methodik und auch eine steigende öffentliche Anerkennung besitzt, steckt die Gartendenkmalpflege noch in den Kinderschuhen. Seit den späten siebziger Jahren haben die meisten europäischen Länder ihre Denkmalschutzgesetze für „historische Gärten und Parks" novelliert und die EU-Kommission widmete das Jahr 1993 bei der Förderung des architektonischen Erbes dem Thema „historischer Garten". Zahlreiche diesbezügliche Projekte wurden seitdem nicht nur in Europa, sondern auf der ganzen Welt gefördert.

In Österreich war und ist die Situation auf diesem Gebiet besonders schwierig, da hierzulande Denkmalschutz Bundessache, Naturschutz dagegen Ländersache ist und der Verfassungsgerichtshof 1964 die „Parkanlagen" hauptsächlich als Naturschutzangelegenheit definierte. Seitdem darf das Bundesdenkmalamt nur die „gebaute" Gartenarchitektur unter Schutz stellen, den Park oder Garten inklusive Vegetation als Ganzes dagegen nicht. Die staatliche Behörde betrachtet aber die historische Gartenarchitektur als integrierenden Bestandteil von

Denkmal-Gesamtanlagen, denn was wäre das Schönbrunner Schloß ohne seine Gartenanlage oder was sind die vielen Schlösser, Villen, Klöster, Bauernhäuser oder Stadtanlagen auch in Tirol ohne das eng dazugehörige Grün? Gesetzliche Verbesserungen und eine bundesstaatliche Kooperation (wie sie bei der Innsbrucker Ausstellung „Irdische Paradiese – historische Gartenarchitektur in Tirol" im Sommer 1997 verwirklicht wurde) sind dringend vonnöten. Historische Parks und Gärten sind nur sehr bedingt Naturschutzgebiete (es können sich freilich in verwilderten Parks ökologisch wertvolle Teilgebiete entwickeln und jede Parkanlage ist freilich auch Bestandteil der Kulturlandschaft), aber sie sind in erster Linie ein kulturelles Erbe, das ebenso, wenn nicht sogar mehr, schutzbedürftig ist als die historischen Bauwerke. Sie legen ein Zeugnis vom jeweiligen Kunst- und Naturverständnis des Menschen ab und gehören zur kulturellen Vielfalt unserer Umwelt, die ohne sie wesentlich ärmer aussehen würde.

In Tirol – wie auch in den anderen österreichischen Bundesländern – hat man bis jetzt die historischen Gärten und Parkanlagen eigentlich nicht als kulturelles Erbe wahrgenommen. In einem Land, wo die „natürliche" landschaftliche Schönheit mit den wilden Bergen und engen Tälern heute touristisch so attraktiv ist, spielen die Zeugnisse älterer Naturphilosophie scheinbar keine entscheidende Rolle. Man vergißt dabei, daß selbst der Umgang mit der natürlichsten Kulturlandschaft immer ein ästhetisch-menschlicher bleibt, der in den alten Gärten der Vorfahren herausgebildet und geschult wurde. Nicht-Respektieren dieses Vermächtnisses bedeutet eine reduzierte und unreflektierte Zugangsweise zur „Naturschönheit", deren Begriff ohne die historischen Gärten nie zustande gekommen wäre. Und Tirol ist – wie das vorliegende Buch überzeugend zeigt – besonders reich an diesem Vermächtnis.

Wien, im Februar 1998

Univ.-Doz. Dr. Géza Hajós
Generalsekretär der Österreichischen Gesellschaft
für historische Gärten

Reith/Brixlegg, Schloßpark Matzen,
Gartenbank, Ende 19. Jahrhundert

Entwicklung der Gartenkunst in Tirol

Historische Gärten sind für Tirol nicht unbedingt ein Synonym – denkt man doch bei der Nennung des Namens Tirol in erster Linie an prachtvolle Bergkulissen, steiles, unwegsames Gelände sowie an ein rauhes Klima. Dennoch gibt es in diesem Land eine bedeutende Gartentradition, die sich zum Teil bis heute erhalten hat. Der landesfürstliche Hof war maßgeblich an der hohen Gartenkultur beteiligt, dicht gefolgt vom Adel und der Geistlichkeit. Vor allem aus der Zeit, in welcher Innsbruck Residenzstadt war (1420 – 1665) und der Garten zur Selbstdarstellung eines Renaissancefürsten gehörte, stammen die größten und bedeutendsten Anlagen (Hofgarten, Ambras). In der Barockzeit wird der Garten in Verbindung mit der Architektur des Schlosses zum Gesamtkunstwerk und unterstreicht Machtanspruch und Repräsentationswillen seines Besitzers.

Die englische Gartenmode des 18. Jahrhunderts, welche als Gegenbewegung zu den französischen formalen Barockgärten begann und Ausdruck einer neuen, liberalen Paradiesvorstellung wurde, vollzog sich in Tirol nur zögernd und wird erst nach den 30er Jahren des 19. Jahrhunderts Allgemeingut.
Heute finden sich, besonders in den großen Parkanlagen – Hofgarten, Ambras, Matzen – noch deutliche Spuren aus der Vergangenheit, die es zu bewahren gilt. Eine Reihe von kleineren Gärten im Privatbesitz, bei denen durchwegs noch die ursprüngliche Struktur erkennbar ist, hat ebenfalls wechselnde Modeströmungen überstanden (Melans, Schloß zu Mühlau, Palais Toggenburg). Auch Klostergärten zeigen vereinzelt noch ihre historischen Dimensionen (Brixen, Neustift), andere hingegen stimmen in ihrer derzeitigen Nutzung nicht mit ihrer historischen Tradition überein (Stams) oder sind, ihres verblassenden Glanzes wegen, große Stimmungsträger (Risgebäude, Flaurling; Orangerie im ehemaligen Ansitz Sternbach, Pettnau).

Vieles ist auch im Laufe der Zeit verlorengegangen oder zerstört worden, sei es durch Eingriffe in die bestehenden Anlagen (Hall, Stiftsgarten), durch Rationalisierungen oder moderne Umbauten (Villengärten in Meran) oder durch geänderte Ansprüche der Eigentümer (Umfunktionieren von Gartenhäusern zu Geräteschuppen).

Doch gibt es auch private Gartenbesitzer, die sich bemühen, ihren Garten so zu präsentieren, wie es der historischen Tradition entspricht: Konservierung der Gartenarchitekturen, entsprechende Pflanzungen wie auch stete Pflege sind damit verbunden, wenn auch heute nicht mehr so einfach durchzuführen (Villa Fischer, Melans).

Ein neuer Trend ist bei der Anlage moderner Villengärten festzustellen, nämlich eine Rückbesinnung auf den angenehmen Aufenthalt im Freien, der nicht mehr nur von Nützlichkeitsüberlegungen geprägt ist. Auch die allseits verwendeten Koniferen werden nun zunehmend zugunsten einer bodenständigen, abwechslungsreicheren Bepflanzung zurückgedrängt: eine Renaissance der Gartenkunst?

li. Seite: Schloß Ambras, Keuchengarten, Blick vom Hochschloß

Bevor die einzelnen Gartenanlagen vorgestellt werden, soll im Folgenden die Entwicklung der historischen Gärten Tirols aufgezeigt werden, wobei historische Quellen und allgemeine Stiltendenzen ebenso berücksichtigt wurden wie die jeweils prägenden Beispiele der europäischen Gartenkunst. Es wurde versucht, die besonderen Charakteristika der einzelnen Epochen präzise darzulegen und dazu die in Tirol vorhandenen Objekte vorzustellen.

Gärten im Mittelalter

Klöster waren im frühen Mittelalter die Hauptvermittler antiken Gedankengutes. So war es der irische Wandermönch Gallus, der das Kloster St. Gallen gründete und dadurch christlich-antike Kultur weitertradierte. Benedikt von Nursia schuf im Mutterkloster der Benediktiner auf dem Monte Cassino durch seine strengen Klosterregeln die Grundlage der mönchischen Gartenkultur: Neben den Ordensregeln „ora et labora" war es eine wesentliche Aufgabe der Mönche, sich innerhalb der Klostermauern mit allem zum Leben Nötigen selbst zu versorgen. Dazu waren in erster Linie Gemüse- und Kräutergärten, die von den Mönchen angelegt wurden, geeignet; so wurden die Benediktiner zu den Hauptträgern der Gartenkultur im frühen Mittelalter.

Im berühmten Klosterplan von St. Gallen (um 820) wird die Forderung nach Autarkie deutlich. Neben dem Haus des Arztes befand sich der Heilkräutergarten, in welchem in insgesamt 16 Beeten ein Nebeneinander von Blumen und Heilkräutern zu beobachten ist, die alle durch Inschriften bezeichnet sind. So wachsen hier Rosen und Lilien (wegen ihres Heilwertes und ihres Duftes angepflanzt) neben Gladiolen, Rosmarin, Liebstöckl, Kresse, Salbei und Minze. Im Gemüsegarten auf der gegenüberliegenden Seite finden sich 18 schmale, rechteckige Beete, welche leicht erhöht und von Brettern, niedrigen Mauern oder Weidenzäunen eingefaßt waren. Sie enthielten Gemüsearten wie Zwiebeln, Porree, Sellerie, Koriander, Dill, Mohn, Rettich, Mangold, Knoblauch, Schalotten, Bohnenkraut, Petersilie, Kerbel, Salat, Kohl und Mohrrüben.[1]

Der benachbarte Friedhof diente gleichzeitig als regelmäßig gepflanzter Baumgarten mit Obstbäumen, wobei der Symbolgehalt vom Werden und Vergehen in der Inschrift betont wird: „Rings um das Kreuz ruhen die toten Leiber der Brüder, glänzt es im ewigen Schein, stehen sie zum Leben auf". Äpfel, Birnen, Pflaumen, Pinien, Lorbeer, Edelkastanien, Feigen, Quitten, Pfirsiche, Mandeln, Maulbeeren und Walnüsse werden durch Inschriften erwähnt.

Dieselben Pflanzen wie auf dem St. Gallener Klosterplan finden sich auch in einem Erlaß Karls d. Gr. von 812, welcher für den Gartenbau große Bedeutung erlangte: im „Capitulare de villis" werden insgesamt 88 Pflanzensorten angeführt, von denen nach Untersuchungen von Wilhelm Pfaff bereits 45 im Gebiet des späteren Tirol bekannt waren.[2]

Walafried Strabo (809 – 849), Abt auf der Reichenau, gibt in seinem in 444 Hexametern verfaßten Gedicht „Hortulus" einen guten Einblick in den früh-

Guillaume de Lorris, Roman de la Rose, Burgund, Anfang 15. Jahrhundert, Armant betritt das „irdische Paradies"

mittelalterlichen Klostergarten und seine Nutzpflanzungen. Er beschreibt darin das Aussehen und die Verwendung der von ihm gezogenen Pflanzen, wobei er der Rose und der Lilie einen besonderen Symbolgehalt zuweist. Er preist sie als „Märtyrerblut" und „Reinheit des Glaubens".

Rhabanus Maurus, Historiograph Karls d. Gr., widmet in seinem Lehrgedicht auch dem Garten ein Kapitel und vergleicht ihn mit der heiligen Kirche, „die so viele geistige Früchte trägt, die umfriedet ist vom Schutze Gottes, in der der heilige Brunnen des Heils fließt." Der Garten bedeutet für ihn „alle innersten Freuden des Paradieses"[3]. So findet sich früh der Symbolcharakter des Gartens als Abbild des Paradieses, wie es dann auch von Künstlern und Dichtern dargestellt wird.

Hildegard von Bingen (1098 – 1179) beschreibt in ihren Werken 230 Heilkräuter und 50 Baumarten, von denen einige noch heute in unseren Bauerngärten wachsen.[4]

All diese frühen Überlieferungen von Gärten und ihren Pflanzen stammen aus einem Umkreis, der auch für Tirol relevant war: St. Gallen, die Reichenau, der süddeutsche Raum – gerade die Klöster waren es, die einen regen Austausch an Setzlingen, Samen und Edelreisern betrieben und auch ihre Erfahrungen im Gartenbau an die Bauern weitergaben.

Der Dominikanermönch Albertus Magnus (1193 – 1280) setzt sich in seinem Werk „De vegetabilibus"[5] bereits wissenschaftlich mit der Pflanzenkunde auseinander und beschrieb auch seine eigenen Versuche, wobei überliefert ist, daß er bereits „mitten im Winter Fruchtbäume mit reifen Früchten und blühende Gewächse", sehr zum Erstaunen aller, zum Wachsen gebracht habe.[6]

Eine Beschreibung zeigt seine Gartenvorstellungen: „Es gibt gewisse Plätze, die weniger dem Nutzen und größerem Fruchtgewinn als dem Vergnügen dienen … diese werden viridantia oder viridaria genannt."

Hier begegnet uns erstmals der mittelalterliche Rasen- und Baumgarten mit dem Kräuter- und Blumengarten vereinigt. Am Schnittpunkt zwischen Baum- und

Klosterplan von St. Gallen, um 820

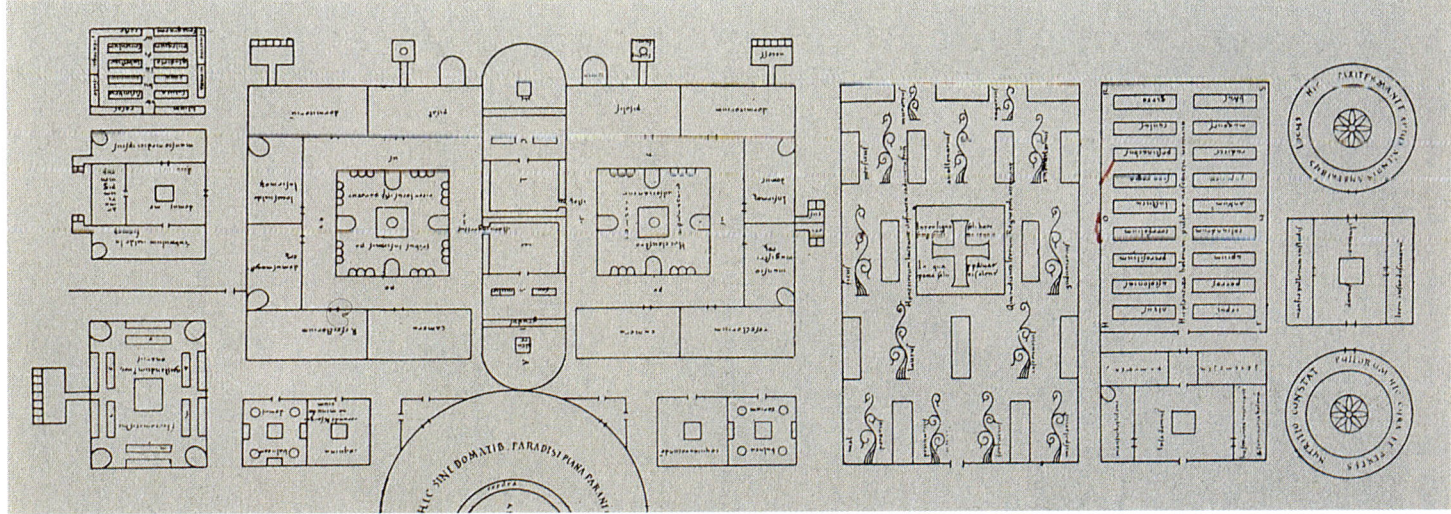

Kräutergarten empfiehlt er eine Rasenbank als verbindendes Element sowie eine eingefaßte Quelle mit Wasserbecken in der Mitte des Gartens. Diese Forderungen von Albertus Magnus finden wir auf dem Gemälde „Das Paradiesgärtlein" eines oberrheinischen Meisters um 1410 wiedergegeben. Man erkennt Beete mit Vexiernelken, Levkojen, Schwertlilien und Stockrosen, aber auch Lilien, Schlüsselblumen, Akelei, Veilchen und Märzenbecher, Pfingstrosen und Maiglöckchen.

Das Abbild dieses irdischen Gartens ist zugleich Sinnbild und Lobpreisung der Schöpfung, insbesondere der Muttergottes.

Häufig wird im „hortus conclusus" die Muttergottes dargestellt, mit ihr ein Einhorn als Symbol ihrer Jungfräulichkeit. Der umfriedete Burggarten als Schauplatz religiöser Symbolik war eine beliebte Darstellung und fand auch in Tirol seinen Niederschlag: im Kloster Wilten wie auch in der ehemaligen Burgkapelle Auffenstein (Matrei am Brenner) sind solche Beispiele erhalten.

In Italien begann der Adel im 13. Jahrhundert Gärten anzulegen, die über eine praktische Nutzung bereits weit hinausgingen. Petrus Crescenzius fordert in seiner Schrift „De Agricultura" Pergolen in der Art von Pavillons, Fischweiher und Vogelhäuser für Herrengärten, die von einer hohen Mauer umgeben sein sollten.[7] Hier traten erstmals neben den botanisch ausgerichteten Nutzgärten der Mönche die Lustgärten des Adels auf, der zinnen- und zaunumwehrte „locus amoenus", der „hortus conclusus" höfischer Lustbarkeit. Dieser in der gleichzeitigen Dichtung vorkommende Minne- oder Liebesgarten wurde inspiriert von byzantinischen sowie maurisch-arabischen Einflüssen und gewann durch

Innsbruck, Stift Wilten, Kapitelsaal,
„Hortus conclusus", um 149o

Trient, Castello del Buonconsiglio,
Adlerturm, Monatsdarstellung „Mai",
Liebespaare im Burggarten, böhmischer
Maler, um 14oo

seine gestaltete Natur eine ästhetische Wertschätzung gegenüber der ungestalteten Landschaft außerhalb der schützenden Mauern. Zugleich galt der Garten als der Platz, in dem edle Gefühle geweckt wurden – ein idealer Ort für Liebende der feudalhöfischen Gesellschaft.

Der „Roman de la Rose" von Guillaume de Lorris schilderte den idealen Garten in Erzählform[8], in welchen der junge Armant, die Hauptgestalt des Romans, geführt wurde. Er traf ein irdisches Paradies an, in dem Amor und die Allegorien Müßiggang, Fröhlichkeit und Vergnügen ihr erotisch-ausgelassenes Hofleben genossen. Bäume wie Granatäpfel, Datteln, Feigen und Mandeln kamen genauso vor wie Ingwer, Kardamom, Gewürznelken und Zimt – exotische Gewürze und Südfrüchte, die zwar der imaginären Schilderung des Paradieses entsprachen, in Wirklichkeit aber in unseren Breiten nicht vorkamen. Die ersten Illustrationen zu diesem Roman stammten aus der Zeit um 13oo und waren in recht einfachen Formen gehalten. Die Darstellung eines flämischen Malers zu Anfang des 15. Jahrhunderts[9] zeigt einen erhöhten Rasensitzplatz, einen Brunnen mit neun Wasserspeiern sowie verschiedenen Blumen und Bäumen, welche den abgegrenzten Lustgarten schmückten. Lauben wurden ein Kernstück des höfischen Gartens, meist mit einer Rosen- oder Geißblattlaube umrankt, Schutz vor Wetterunbilden und neugierigen Blicken bietend.

Mehrere profane Freskenzyklen zeigen solche Lustgärten als Hintergrund einer höfischen Gesellschaft, in Tirol etwa der Reigentanz von Schloß Lichtenberg im Vinschgau oder die Monatsdarstellung des Mai im Adlerturm von Schloß Buonconsiglio in Trient[10]. Hier promeniert die höfische Gesellschaft durch den Garten, pflückt Blumen und flicht Kränze, während im Hintergrund eine Quelle sowie ein Tisch mit einer Tafelgesellschaft dargestellt sind.

Der Garten als Ort höfischer Lustbarkeit hat somit im ausgehenden Mittelalter auch in Tirol seinen Einzug gehalten, denn der Fürstbischof von Trient befindet sich selbst inmitten seiner ausgelassenen Gesellschaft.

*Hans Puechfeldner, Musterbuch,
Renaissancegarten, 1591/93*

Gärten zur Zeit der Renaissance

Leon Battista Alberti (14o4 – 1472) schildert in seinem Buch „De Architectura"[1]
das Glück, welches jenen beschieden ist, die eine Villa auf dem Land besitzen.
Er knüpft damit direkt an die Schilderungen von Horaz, Cicero und vor allem
von Plinius d. J. an, welche uns römische Villen mit dazugehörigen Gärten überliefern. So durften „offene Hallen, Pergolen, kühle Tuffsteingrotten, Gewächse in
verzierten Kübeln, Buchseinfassungen, Wasser in Springbrunnen, Quellen und
Grotten aus farbigem Muschelwerk" nicht fehlen, auch waren „Zypressen, Lorbeer, Zitronen und Taxus" anzupflanzen, während Obstbäume in den Nutzgarten
gehörten. Diese Forderungen wurden vermutlich in dem nicht erhalten geblie-
benen Garten der Villa Quaracchi verwirklicht, dessen Besitzer Giovanni Rucellai,
ein enger Freund Albertis, war.[2] Alberti war ein Theoretiker, der seiner Zeit
weit voraus dachte – er darf als Vermittler und Erneuerer der antiken Gartenkultur angesehen werden, da er mit seinen Forderungen direkt an Plinius d. J.
anknüpfte.
Die Schilderungen Plinius' von seinem Laurentinum glichen den Darstellungen
Albertis vom idealen Garten, in dem Heiterkeit herrschen sollte; sogar die
„dunklen Schatten haben sich im Hintergrund zu halten", immergrüne Pflanzen
empfahl er zur Einfassung der Wege, und als Schutz vor zu starker Sonnenbe-
strahlung sollten Lauben und Pergolen den Garten zieren . . .
Der erste eigentliche Renaissancegarten, welcher in Italien verwirklicht wurde,
war der Belvederegarten im Vatikan, der unter Papst Julius II. von Bramante ab
15o3 ausgeführt worden ist. Das Neuartige daran war, daß der Höhenunter-
schied zwischen dem Vatikanpalast in der Ebene und dem erhöht gelegenen
Belvedere-Schlößchen geschickt durch Treppenanlagen überbrückt wurde. Auf
drei Ebenen wurden Gärten angelegt, die verschiedene Perspektiven zuließen:
die Balustraden der Terrassen gliederten die Anlage in horizontale Querachsen,
die mit den Hauptachsen der Gartenwege die Verbindung zur Architektur des
Hauses herstellten.[3]
Wesentliche Impulse für die Gartenkunst der Frührenaissance kamen auch aus
der Toskana, aus Florenz, wo die Familie Medici ihre Villen außerhalb der Stadt
anlegen ließ. Die Villa Medici in Castello stellt diesen an Alberti orientierten
Prototyp eines toskanischen Gartens dar, der von Tribolo um 154o für Cosimo
de' Medici angelegt worden war. Die klassische Gliederung des Renaissancegartens wurde hier beispielgebend verwirklicht: der Ziergarten als schmückendes
Element, das Boskett (bosco, das Wäldchen) als wohnliches Element, meist von in
geometrischen Formen geschnittenen Hecken oder Labyrinthen abgegrenzter
Gartenteil und der „Salvatico" als Wildnis, als natürliches Element. Typisch an
diesem Garten war die strikte Symmetrie. Eine Gartenhälfte entsprach spiegel-
bildlich der anderen, wie z. B. die beiden „giardini segreti" rechts und links der
Villa, die durch Mauern vom restlichen Garten abgetrennt waren. Im Zentrum
des Gartens stand ein kreisförmiger Springbrunnen, den ein „bosco" aus
Lorbeeren, Zypressen und Myrthen umschloß. Im Salvatico aus Zypressen und
Tannen befand sich ein Weiher mit einer Insel, auf der „so ein gar wilder Felsen
ist / darob ein Wasser-Gott sitzt / und so wunderbarlich geordnet / daß man in

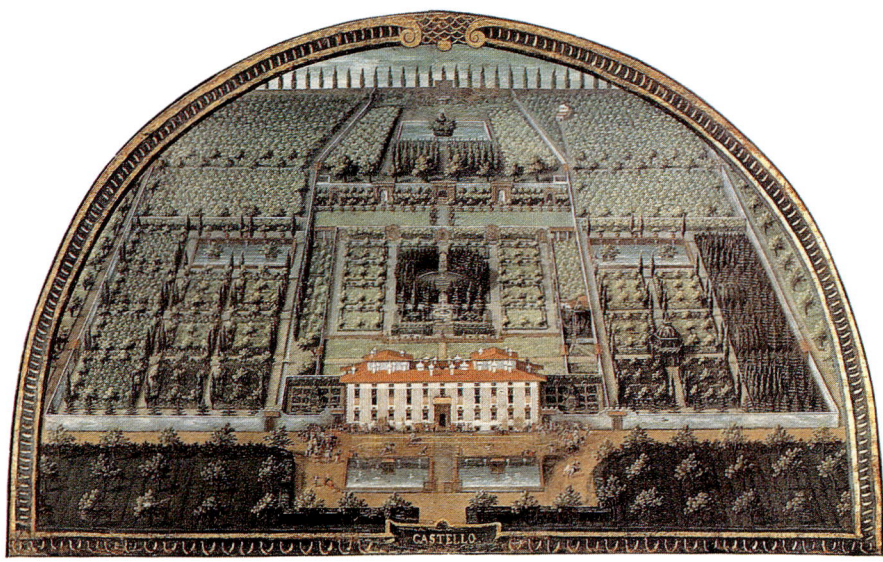

einem Gang / unter den Weiher hinein / und also mit trucknem Fuß in ermelte Insul gehen kann . . . Vor hinüber hats ein grotta, darinn wird Orpheus, sampt einer großen Anzahl Thier umb ihn herum gesehen / und alles mit so grosser Menge Spritzwerck angestellt / daß wol keiner ungetaufft / wie fleissig er sich auch fürsicht / herauß kompt."[14]

Heute finden sich in Castello noch das Parterre mit den Zitronenbaum-Topfpflanzen, die mittlere Grotte mit den Tierplastiken und auch die Statue des Ammanati, „Winter'' bzw. „Inverno'' genannt, welche auf dem Isolotto kauert, umstanden von Steineichen anstelle des ursprünglichen Zypressenwaldes. Verschwunden sind die Treillagen, von denen Michel de Montaigne 1580/81 berichtet; auch die Hauptachse der Gartenanlage stimmt nicht mit der architektonischen Mittelachse der Villa überein, da der Bau durch den vorzeitigen Tod von Tribolo nicht fertiggestellt werden konnte.

Bedingt durch die Topographie der Toskana, befanden sich ihre Gärten fast immer in Hanglage und boten dadurch eine herrliche Aussicht. Treppen und Terrassen waren ebenso charakteristisch wie Grotten, Topiarien[15], Topfpflanzen und Überraschungseffekte (Wasserscherze). Garten und Villa bildeten noch keine Einheit, sondern waren in sich abgeschlossen. Dem Wasser kam vor allen in den römischen Villen eine überragende Bedeutung zu: Die Villa d'Este in Tivoli, 1560/80, war berühmt wegen ihrer Kaskaden, Fontänen, Wassertheater, Wassertreppen und Brunnenanlagen.[16]

Als Höhepunkt der künstlerischen Beschreibung eines Liebesgartens in der Renaissancezeit galt der Roman „Hypnerotomachia Poliphili'' von Francesco Colonna. Erstmals 1499 in Venedig erschienen, wurde er bald in mehrere Sprachen übersetzt. Er hatte eine große Verbreitung und half entscheidend mit, das Bild des Renaissancegartens zu prägen, galt er doch als Lehrbuch für Architektur, Gartenkunst und Mode. Der Held des Romans, Poliphil, verliebte sich leidenschaftlich in Polia und erlebte im Traum eine Initiationswanderung durch unkultivierte Natur in eine phantastische Gartenlandschaft, den „locus amoenus''. Erotisch-freizügige Sinnenbilder mit verschiedenen Allegorien wechselten mit raffinierten Beispielen von Topiarien, aber auch antike Reliefs, Statuen und Amphoren spielten als schmückendes Element auf den Holzschnitten eine entscheidende Rolle.[17]

Florenz, Villa Medici di Castello, Lünettenbild von Giusto Utens

Florenz, Villa Medici di Castello, Tierplastiken in der Grotte

Joseph Furttenbach d. Ä., Architectura privata, Bürgergarten um 1641

Prag, Hradschin, Ballspielhaus, um 1560

Die deutschen Gärten der Renaissance entnahmen ihre Anregungen nicht so sehr der Antike als vielmehr den unmittelbar vorangegangenen Entwicklungsstadien. Die Freude am vielfältigen Nebeneinander, aber auch das Streben nach Bildung und Gelehrsamkeit hatten ihren Niederschlag im Garten: Bedingt durch naturwissenschaftliche Entdeckungen stand die Pflanze im Mittelpunkt, und es kam zur Anlage von botanischen Gärten. Die Ummauerung wurde beibehalten, der hortus conclusus des Mittelalters noch lange nicht aufgegeben. Joseph Furttenbach überlieferte in seiner „Architectura privata" einen deutschen Bürgergarten um 1641, aus dem hervorgeht, daß jede Pflanze als Individualität betrachtet wurde und daß die Anordnung der Blumen in den mit Holzplanken eingefaßten Hochbeeten nach Rang erfolgte: Kaiserkrone, Tulpe und Liliengewächse vor allen anderen.[18]

Eine wesentliche Voraussetzung zur Errichtung von großzügigen Gärten in Tirol war, daß die vor allem zur Verteidigung errichteten wehrhaften Burganlagen aufgegeben wurden. Bedingt durch die oft unwirtliche topographische Lage einer Burg war Gartenkultur nur auf kleinstem Raume, eben als „hortus conclusus", möglich. Wurden im 16. Jahrhundert nun Schlösser im Tale auf ebenem Terrain errichtet, ergab sich erstmals eine Chance für Gartenkultur, die auch genutzt wurde. Beispielgebend war der landesfürstliche Hof, der in seiner Kultur und Lebensart vom Adel nachgeahmt wurde. Seit der Verlegung des landesfürstlichen Hofes von Meran nach Innsbruck im Jahre 1420 wurde Gartenkultur für Tirol ein Thema. Doch vorerst begann man nur zögernd Nutzgärten zu errichten, die Archivalien darüber sind spärlich. Herzog Friedrich IV. (Friedl mit der leeren Tasche) begann mit dem Erwerb einiger Gründe in der Nähe des landesfürstlichen Hofes, die er zu Nutzgärten umfunktionierte.[19] Von seinem Sohn und Nachfolger Siegmund dem Münzreichen, der zwar eine rege Bautätigkeit entfaltete, sind über Gärten keine Nachrichten überliefert. Maximilian I., seit 1490 auch Tiroler Landesfürst, war in erster Linie Jäger und bevorzugte dadurch mehr die Anlage von Tiergärten (etwa im Gebiet des heutigen Alpenzoos). Während seiner Ehe mit Maria von Burgund lernte er die Gartenkultur am burgundischen Hofe kennen, auch der „Roman de la Rose" war zu dieser Zeit dort sehr verbreitet. Inwieweit Maximilian derartige Kenntnisse in Tirol umgesetzt hat, ist heute nicht mehr nachvollziehbar.

Die Situation änderte sich mit Ferdinand I. (1503 – 1564), der von Jugend an mit Gartenkultur konfrontiert war: Aufgewachsen in Spanien am Hofe seines Großvaters Ferdinand von Aragon, lernte er die arabisch-maurische (Alhambra, Generalife), etwas später während seines Aufenthaltes bei seiner Tante Margarete die burgundische und während mehrmaliger Besuche in Trient auch die italienische Gartenkultur kennen. Die Gärten des Magno Palazzo von Buonconsiglio in Trient, wo Ferdinand I. mit seiner Gemahlin Anna zur Einweihung 1536 als Gast des Fürstbischofs Bernhard von Cles weilte, wurden von Mattiolus[20] als besonders prächtig beschrieben: Mit kostbaren und seltenen Pflanzen ausgestattet und mit einer Tuffsteingrotte versehen, waren sie ein deutlicher Hinweis auf die umfassende humanistische Bildung des Kardinals und Kanzlers. All diese verschie-

denen Einflüsse machten aus Ferdinand I. einen weitgereisten, gebildeten Fürsten. Sie fanden ihren Niederschlag in der Anlage des Königsgartens von Prag, der unter seiner Ägide errichtet wurde, sowie im Bau seines Lustschlosses Belvedere ebendort.

Es war das erste Gartenschloß, welches am Beginn einer langen Reihe ähnlicher Bauten steht. „Von den Gärten, die das Prager Belvedere umgaben, wissen wir nur, daß sie schon unter Ferdinand als Bühne für phantastische Feste dienten . . ." [21] Das Belvedere wurde auch „Lustschloß der Königin Anna" genannt und von Paolo della Stella und Bonifaz Wolmut im Renaissancestil errichtet (1534/4o). Der davorstehende Brunnen, als „Singende Fontäne" bezeichnet und nach einem Entwurf von Francesco Terzio 1562 – 68 ausgeführt, wurde, wie auch die beiden Ballspielhäuser von Bonifaz Wolmut, in den 6oer Jahren erbaut. [22]

Eine Zeichnung von Bonifaz Wolmut zeigt die Situation rund um das Lusthaus (noch vor dem Brunnenbau) aus dem Jahre 156o mit zwei Fischbehältern (Fischkalter), einem Baumgarten, dem „Palhaus" wie auch dem „Löwenplatz". [23] Der Brunnen und die beiden Ballhäuser sind mit hoher Wahrscheinlichkeit noch während der Regentschaft von Erzherzog Ferdinand II., dem zweitältesten Sohn des Kaisers, der von 1544 – 1564 Statthalter in Böhmen war, begonnen worden. Ein „Plan der Königlichen Gärten in Prag" von Johann Michael Ziegelmayer aus dem Jahre 1744 [24] zeigt zwar barocke Gestaltungen der Parterres, aber Lage und Baulichkeiten stimmen noch mit der Situation zur Zeit der Renaissance überein. Die beiden Ballspielhäuser (das Große und das Kleine Ballhaus), im westlichen Teil des Gartens gelegen, sind zu Stallungen umfunktioniert worden, und auch das Tierhaus (Löwenhof), in dem es im 16. Jahrhundert Löwen, Leoparden, Bären

Prag, Hradschin, Belvedere oder Lusthaus der Königin Anna, 1534/4o

Prag, Hradschin, Francesco Terzio,
„Singende Fontäne", 1562–68

Johann Michael Ziegelmayer, Plan der
Königlichen Gärten in Prag, 1744

und andere wilde Tiere gab, wurde, ebenso wie der Fasanengarten, umgewidmet. Das Lusthaus, am östlichsten Punkt des Plans gelegen, bildet mit seiner abgeschlossenen Gartenanlage und dem Brunnen ein eigenes Ensemble.

Bei der Erbteilung nach dem Tod Kaiser Ferdinands I. im Jahre 1564 erhielt Erzherzog Ferdinand II. Tirol und die Vorlande. Er trat dieses Erbe 1567 an und regierte als Landesfürst von Tirol bis zu seinem Tod 1595 in Innsbruck.
Viele der Prager Errungenschaften übertrug Ferdinand II. auf den Innsbrucker Hofgarten (siehe S. 56ff), wo ebenfalls ein Löwenhaus, eine Fasanerie, zwei Ballspielhäuser, Brunnenanlagen und Lusthäuser errichtet wurden. Wollte sich der Erzherzog mit dieser bewußten Übernahme ein zweites Prag schaffen? Einiges aus seinem baulichen und gärtnerischen Schaffen deutet darauf hin, etwa der Terminus „Böhmisches Lusthaus", dessen Bedeutung zwar nicht eindeutig geklärt ist, aber auf die Zeit Ferdinands in Prag zu verweisen scheint.[25]
Noch von Prag aus begann Erzherzog Ferdinand II. mit dem Umbau von Schloß Ambras, wo sich ab 1567 ein glänzendes Hofleben abspielte (siehe S. 50ff).
Die prachtvollen Gärten rund um das Schloß wurden 1566–72 angelegt.
Man darf annehmen, daß Ferdinand selbst entscheidend in die Gestaltung eingegriffen hat.[26]
Eine Beschreibung aus dem Jahre 1574, verfaßt von Stephanus Pighius, der in Begleitung des Prinzen Karl Friedrich von Cleve als Gast des Erzherzogs auf Ambras weilte, gibt über höfische Bräuche und Aussehen der Gärten Auskunft:
„Da zeigte man ihm an den Abhängen und in den Thälern Weiher, Seen und Teiche mit seltenen Fischen, dort Weingärten, Obstanger, Hasengehege, Wildplätze und Thiergärten ... schwebende Gärten und Vogelbehälter ... in den aufs beste gepflegten Gärten erblickt man Paradiese, Labyrinthe und Grotten, den Wassernymphen geheiligt und mit künstlichen Quellen bewässert ... Springbrunnen an verschiedenen Orten, reichlich mit Wasser versehen durch die Wildbäche, die man aus den nahen Bergen in unterirdischen Röhren herleitet, ... im Freien angebrachte Speisesälchen, mit allerhand lebendem Grün umkleidet ... sowie eine Rotunda, in deren Mitte ein runder Tisch aus Ahorn steht; unter diesem sind Räder angebracht, die vom Wasser betrieben werden und mittelst welcher man den Tisch samt den Gästen bald sachte, bald rasch herumdrehen, allenfalls die Leute schwindlig machen kann ..."[27]

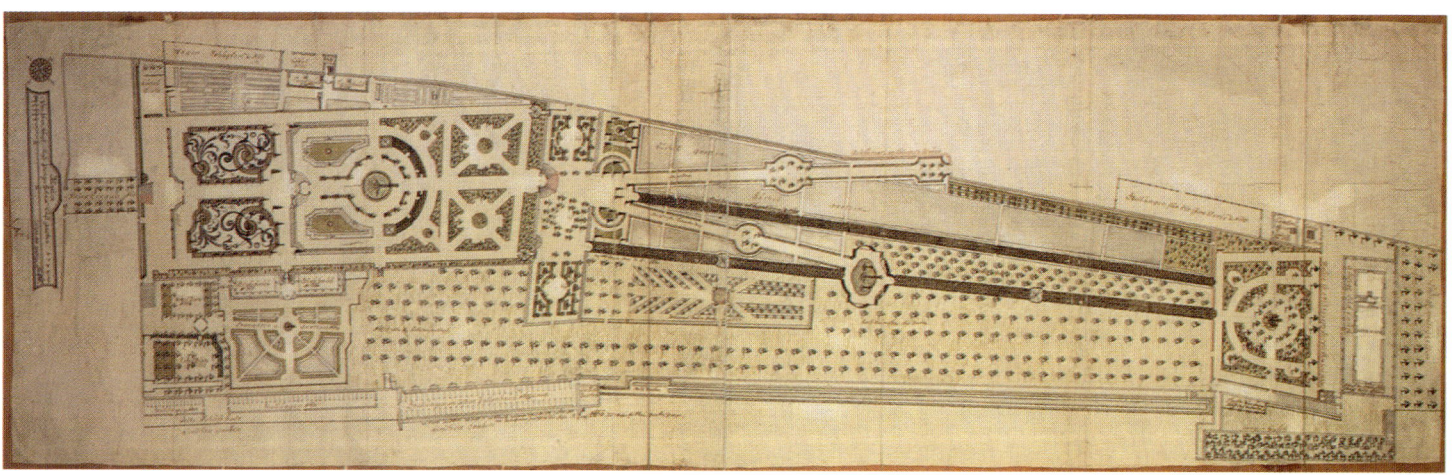

Dieser Reisebeschreibung kommt umso größere Bedeutung zu, als sich aus der Glanzzeit von Ambras keine Abbildung erhalten hat. Pighius läßt seiner Begeisterung freien Lauf, neigt zu Übertreibungen wie etwa bei den schwebenden Gärten (gemeint sind wohl terrassenförmige Anlagen zum Ambraser See hin), doch überliefert er gleichzeitig ein anschauliches Bild vom damaligen Hofleben, welches in Ambras bis 1580, dem Todesjahr der Philippine Welser, anhielt.

Vergleicht man zu den Beschreibungen von Pighius nun die früheste bildliche Überlieferung von Ambraser Gärten, nämlich die Darstellung von Matthaeus Merian d. Ä. [28] aus dem Jahre 1649, finden sich folgende Angaben bestätigt: Wildpark, Speisesälchen im Freien (= Mittelpavillon), Rotunda mit „umlauffendem Tisch" (= jener Ahorntisch mit Sitzgelegenheit, welcher sich mittels Wasserkraft schnell drehen konnte) sowie gepflegte Gärten. Der Keuchengarten [29] als intimer, nach allen Seiten abgeschirmter Gartenraum war im 16. Jahrhundert das ideale Szenarium für höfische Feste, die sich dann bis hin zum Ambraser See verlagern konnten, denn dort waren die Ufer gärtnerisch gestaltet und zwei Lusthäuschen im See luden zu Bootsfahrten ein. [30]

In den Gärten von Ambras tummelte sich und wuchs vieles, was man für die „tägliche hofküchennotdurfft" benötigte und auf der erzherzoglichen Tafel wiederfand: Rotwild, Fasane, Hasen, Geflügel, Fische (in den verschiedenen Weihern und Teichen), Speisevögel (in Volieren), verschiedene Obstsorten wie Feigen, Mandeln, Pfirsiche, Quitten und Kastanien, Krautköpfe, Zitronen und Orangen.

Lusthäuser, Springbrunnen, Grotten, Pergolen und Wasserscherze entsprachen einer standesgemäßen Hofhaltung. Ferdinand II. präsentierte sich in Ambras nicht nur als überragender Kunstsammler, sondern auch als bedeutender Gartenmäzen, der, bedingt durch seine umfassende humanistische Bildung, an die antikenorientierten italienischen Renaissancegärten anknüpfen konnte und deren Mode in Tirol heimisch machte.

Auch in der Bibliothek Erzherzog Ferdinands II. befanden sich Zeugnisse seiner Gartenliebhaberei. Die Musterbücher von Hans Vredeman de Vries (1527–1606) waren ihm wohlbekannt, doch dürften diese für die unmittelbare Anlage von Ambras und den Hofgarten nicht relevant gewesen sein, da das Werk „Hortorum Viridariorumque elegantes et multiplicis formae" erst 1583 in Antwerpen erschienen ist. Es war das erste illustrierte Werk, welches sich in der Renaissance mit der Anlegung von Gärten nördlich der Alpen beschäftigte. [31] Allerdings hatte der Erzherzog bereits 1569 den niederländischen Kunstgärtner Adrian de Wiss nach Innsbruck berufen, der den Hofgärtnern Wolf, Guarient und Wellstrass behilflich sein sollte und so flämische Errungenschaften im Gartenbau nach Innsbruck übertrug. [32]

Für unsere Vorstellungen von Renaissancegartenanlagen sind die Darstellungen im Musterbuch von Vredeman de Vries eine wertvolle Bereicherung: sie zeigen die typischen Merkmale wie Treillagen, Pergolen, symmetrisch angeordnete, kunstvoll arrangierte Beete mit Solitärpflanzen, Brunnenanlagen, Grotten und Irrgärten.

Renaissancegarten vor der Stadt, deutscher Meister, 17. Jahrhundert

„Hypnerotomachia Poliphili", 1499, Baumverschnitt

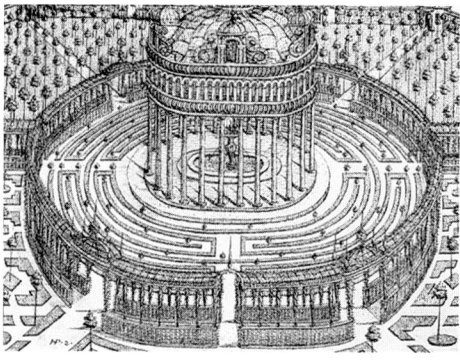

Hans Puechfeldner, Gärtner am Hofe Rudolfs II. in Prag, versuchte noch vor Ankunft von Vredeman de Vries in Prag anhand seiner Musterbücher die Vorlagen zu imitieren und gab selbst drei „gartenpuecher" heraus (1591–93), bei denen er im dritten Band immer eigenständiger wurde und sich vom Vorbild entfernte.

Erik de Jong[33] weist auf die Entwürfe für Parterregärten hin, die häufig und in verschiedenen Variationen vorkommen und oft komplizierte geometrische Muster aufweisen, bestehend aus Kreisen, Achtecken, Quadraten und Rechtecken. Hans Vredeman de Vries teilt seine Gartenentwürfe gemäß den klassischen Säulenordnungen in dorisch, ionisch und korinthisch ein, wobei sich letztere durch noch raffiniertere Berceaux (= Treillagen) auszeichnen und meist auch eine große Brunnenanlage aufweisen. Auch bei Puechfeldner finden sich „Parterre-Gärten à pieces coupées" (immergrün geschnittene Stücke), prachtvolle Pavillons, meist als Mittelpunkt der Anlage, eingerahmt von kunstvoll bewachsenen Treillagen. Diese Gartenbücher Puechfeldners befanden sich in der Kunstkammer Rudolfs II. (Rechnungsbeleg dafür vorhanden, Reg. 1597) und mit hoher Wahrscheinlichkeit auch im Besitz von Erzherzog Ferdinand II.[34] Nebenbei sammelte Erzherzog Ferdinand II. auch Gartenstiche, die er dann (neben anderen nach Themen geordneten Abbildungen) in seine Klebebände aufnahm und die in ähnlicher Weise wie bei Vredeman de Vries Renaissancegärten zeigten.[35] Berceaux, Brunnen, geometrische Beete und Pavillons sind auch hier die wesentlichsten Komponenten.

Zwei italienische Reisen, die Erzherzog Ferdinand II. (1549 von Prag und 1579 von Innsbruck aus) an die Höfe seiner in Italien verheirateten Schwestern Eleonore und Barbara führten (Mantua und Ferrara, sowie ein Aufenthalt in Venedig), brachten ihm sicherlich auch neue Erkenntnisse in der Gartenkunst. Besonders zum Mantuaner Hof pflegte er enge Kontakte. Von dort stammte seine spätere zweite Gemahlin Anna Katharina (1566–1621)[36]. Der Palazzo del Te in Mantua hatte großartige Gärten, die sehr gerühmt wurden, aber heute nicht mehr erhalten sind. Auch ein Irrgarten ist überliefert, welcher hypothetisch Giulio Romano zugeschrieben wird.[37] Er dürfte das Vorbild für den Irrgarten im Innsbrucker Hofgarten gewesen sein, der 1582 eigens für Anna Katharina angelegt worden ist. Seinen dritten italienischen Schwager, Francesco de' Medici, den Gemahl seiner Schwester Johanna, traf Ferdinand 1565 in Prag, wo jener ihm einen Besuch abstattete. Man tauschte sich diverse Gastgeschenke aus und sprach vielleicht auch über Bauvorhaben; zu diesem Zeitpunkt hatten beide Herrscher ihre Gartenschöpfungen noch nicht vollendet: Pratolino entstand 1568, der Hofgarten ab 1565.

Michel de Montaigne besuchte Francesco de' Medici 1581 in seiner Villa in Pratolino, wo der Herzog mit seiner Mätresse Bianca Cappello nach dem Tod seiner habsburgischen Gemahlin lebte, und berichtete überschwenglich, daß „die Schönheit und der Reichtum dieses Ortes im einzelnen gar nicht geschildert werden kann." Berühmt in diesem Garten waren neben vielen anderen Attraktionen die Riesenfigur des Berggottes Apennin von Giambologna, die in ihrem zehn Meter hohen Inneren begehbar war, sowie der „Viale degli

Hans Puechfeldner, Musterbuch, Entwurf für einen Gartenpavillon mit Labyrinth

Hans Vredeman de Vries, Gartenentwurf, Kupferstich, aus dem Klebeband „Architektur" von Erzherzog Ferdinand II., 2. Hälfte 16. Jahrhundert

Zampilli", eine Allee, die gesäumt wurde von schräg fließenden Fontänen, die einen Tunnel von Wasserstrahlen erzeugten, durch den man trockenen Hauptes gehen konnte.[38]

Erzherzog Ferdinand II. hatte sicherlich Kenntnis von diesen außergewöhnlichen Gartenschöpfungen. Zumindest dürfte es wahrscheinlich sein, daß mündliche und schriftliche Berichte durch Boten ausgetauscht wurden, solange seine Schwester Johanna noch lebte (†1578).

Wenn man heute versucht, sich das Bild der ferdinandeischen Gärten zu vergegenwärtigen, muß man auch die vielen Einflüsse berücksichtigen, die den gut informierten Gartenliebhaber erreichten. Mit seinen Schöpfungen in Innsbruck stand Ferdinand der allgemeinen Mode in nichts nach, im Gegenteil, seine Gärten wurden beispielgebend für alle weiteren Anlagen nördlich der Alpen.

Eine gravierende Änderung der Lebensgewohnheiten des Erzherzogs trat mit dem Tod der Philippine Welser im Jahre 1580 ein. Mit seiner zweiten Frau Anna Katharina war er in das Gartenschloß „Ruhelust" gezogen, das der gesamten Gartenanlage den Namen gab. Die „Ruhelust" war ein hölzerner, zweigeschossiger Bau, am nördlichen Ende der Hofburg quer hinüber zum heutigen Landestheater gelegen. Die Einrichtung war äußerst prunkvoll.[39] Im Jahre 1636 fiel die Ruhelust einem Brand zum Opfer. Das Feuer war so stark, daß auch Teile der Gartenanlage zerstört wurden.

Florenz, Villa di Pratolino, Apennin von Giambologna

Hans Vredeman de Vries, Entwurf für einen Garten im ionischen Stil, 1583

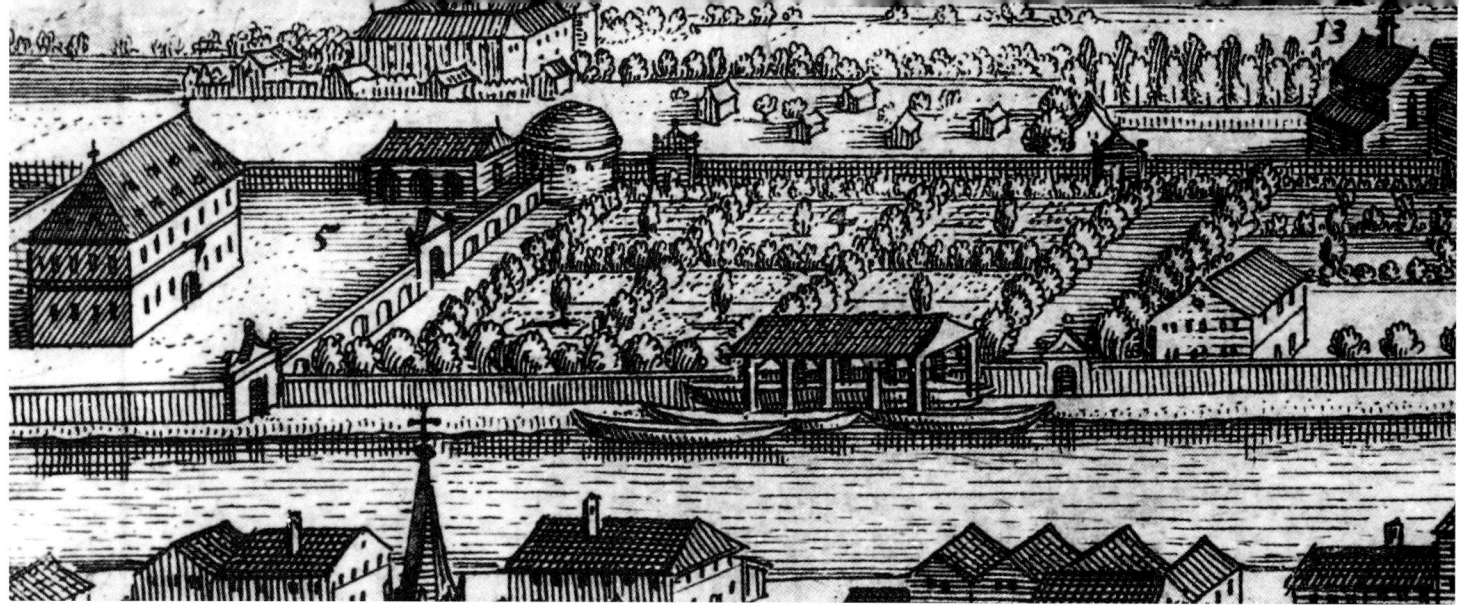

Matthaeus Merian d. Ä., Topographia
Provinciarum Austriacarum, Fürstliche
Grafschaft Tyrol, 1649, fol. 14o, Innsbruck,
Ausschnitt Hofgarten mit sechs Lustgärten
und dem Böhmischen Lusthaus

Wenzel Jamnitzer, Francesco Terzio,
„Prunwerch", um 157o, Entwurf eines
Pavillons, Erzherzog Ferdinand II. gewidmet

Die das Gebäude umgebenden sechs Lustgärten waren jeweils voneinander
abgegrenzt und unterschieden sich auch in ihrer Funktion:

1. Des Erzherzogs Lustgarten oder der Rennplatzgarten (es gab noch keine
    Straße) rund um Schloß Ruhelust, mit einem Schwimmbad und künstlerisch
    ausgestatteten gemauerten Gängen, welche die Bauten miteinander verban-
    den, sowie Gartenplastiken.
2. Der Erzherzogin Lustgarten, in welchem sich ein Treibhaus, ein Brunnen sowie
    ein Irrgarten befanden.
3. Der Kammergarten enthielt wiederum Gänge, Brunnen (Satyrbrunnen) und
    ein Lusthaus.
4. Der Große Hofgarten war vom „Pogengmeyr" (Mauer mit bogenförmigen
    Nischen, teilweise noch erhalten) umgrenzt und mit Teichen, zwei Brücken,
    dem „Lusthaus bei den Teichen" (= Musikpavillon-Vorgängerbau) und mit
    Gartenplastiken verziert.
5. Der Garten des Ballspielplatzes, in welchem das kleine und das große
    Ballspielhaus sowie ein Brunnen standen (vgl. Prag – nachfolgend
    Comediehaus, dann Reithalle, im 19. Jahrhundert „Dogana", heute
    Kongreßhaus).
6. Der Fasanengarten als Teil des Tiergartens, welcher an die 3ooo Fasane, ein
    Tierhaus (= Löwenhaus) und das „Böhmische Lusthaus" sowie die Bossier-
    werkstätten enthielt.
    Im Hirschanger (heutiger Saggen), der sich an die Hofgärten anschloß,
    wurden Schaujagden veranstaltet.

Matthaeus Merian d. Ä. überliefert auch für den Hofgarten 1649 die früheste
Abbildung, auf welcher man die Einteilung in 6 Lustgärten sowie das Böhmische
Lusthaus und das Tierhaus deutlich erkennen kann.[40] (siehe S. 56ff)
Hans Georg Ernstinger stellt durch seine Beschreibung des Hofgartens aus dem
Jahre 1579 eine weitere wichtige Quelle zum Aussehen des Hofgartens dar[41]:
„Ein kliener garten, so mit ainem schönen gwelbten gang, dessen oberthail mit
vil künstlichen sehr schönen picturn und an der seiten der maur etlich contrefet
ansehlicher kaiser, fürsten und herrn von metall gossen,[42] wie auch des Herculis
grosse bildnus mit seinem straitkolben, item ainen sehr schönen langen tisch von
märmel mancherlay farben schön poliert, und künstlichen brunnen von mancherlay ausspritzung des wassers an vilen orten schön geziert, soll an die 6o.ooo fl
gestanden haben (Lustgarten des Erzherzogs).

Daran hat die alt erzherzogin Ferdinandi ain anders schöns gebay auffieren
lassen, wie auch noch ain ander schöner blumengarten der erzherzogin zu sehen,
daran in ainem gwölb vil pomeranzen, citroni, margarantenbaum und dergleichen
frucht zu sehen, wie auch etlich wunderliche thaten, welche erzherzog Ferdinand
in seinem leben durch seine grosse sterckh ausgericht, mit ölfarben an die maur
gemalt . . ."

In dieser Schilderung erfahren wir, daß sich im Lustgarten der Erzherzogin ein
Treibhaus ("gwölb") befunden hat – eine sehr frühe Erwähnung eines Vorgängers
der Orangerie – in welchem die kälteempfindlichen Agrumen überwintert
wurden. Zudem war dieses "gwölb" noch mit Malereien verziert, die Helden-
taten des Erzherzogs zum Inhalt hatten und dadurch thematisch zu seiner
Heldenrüstkammer auf Schloß Ambras paßten.[43] Im Hofgarten waren ferner
134 große Götterstatuen und weitere Tierplastiken aufgestellt, auch gab es
"mörmonster" sowie Figuren, die Wasserkrüge in Händen hielten; all diese
Gartenplastiken waren aus Terrakotta und, bedingt durch das Material, nicht
sehr haltbar.[44]

Für den Hofgarten war die Ära Ferdinands II. eine nie mehr erreichte Glanzzeit –
wir bedauern es heute umso mehr, daß sich keine Abbildung und kein Plan
aus dem 16. Jahrhundert erhalten haben, die diese prächtige Gartenanlage
zeigten.

Lucas von Valckenborch, Höfische Gesell-
schaft um Erzherzog Matthias, betitelt
„Mai", 1587, im Hintergrund Brüsseler
Herzogspalast

Alexander Colin, Brunnenentwurf für
Schloß Neugebäude bei Wien, 1570

Versailles, Parterre du Midi, barocke Beetformation

Barockgärten

Mit dem Aussterben der Tiroler Linie der Habsburger 1665 traf man auch verschiedene Sparmaßnahmen: So setzte man dem Repräsentationsanspruch der nachfolgenden Gouverneure Grenzen und huldigte der Gartenkunst nur mehr eingeschränkt: zwar blieben die vorhandenen Infrastrukturen im Hofgarten bestehen (Brunnen, Lusthäuser), aber die Gartengestaltung wurde nur noch im „Gouverneursgarten" (= Kleiner Hofgarten, Blumen- oder Kammergarten) beibehalten.

Doch weder der Adel, der nun seine Stadtpalais errichten ließ, noch die Kirche verschlossen sich dem neuen Trend; es entstanden prächtige Barockgärten, bei denen nicht mehr der Hof tonangebend war. Modische Einflüsse, die nun aus Frankreich kamen, sei es in der Mode oder in der Gartenarchitektur, wurden begierig nachgeahmt, denn nichts war unschicklicher, als nicht „à la mode" zu sein.

Das große Vorbild waren die Gärten von Versailles mit ihrem Schöpfer André Le Nôtre unter dem Sonnenkönig Ludwig XIV. Schon etwas früher wurden Schloß und Gärten des Finanzministers Nicolas Fouquet in Vaux-le-Vicômte errichtet. Die 1661 erfolgte Einweihung löste nicht nur Freude und Bewunderung aus, sondern auch heftige Neidgefühle, vor allem beim König. Dieser konnte es nicht dulden, daß einer seiner Untergebenen prächtigere Gärten hatte als er selbst. So wurde Fouquet kurzerhand „undurchsichtiger Geschäfte wegen" ins Gefängnis geworfen. Seine drei Künstler Le Vau, Le Brun und Le Nôtre aber wurden vom König übernommen, um eine noch viel prächtigere Anlage als Vaux-le-Vicômte zu schaffen.

Was waren nun die Neuerungen, die in ganz Europa eine wahre „Nachahmungs-euphorie" entfesselten?

Zuerst wurde das Gelände nach einem Idealplan verändert, das Bauwerk mußte nun an zentraler Stelle der Anlage stehen, von der die Hauptachse ausging. Die Begrenzungsflächen zwischen den Parterres wurden aufgelöst und alle Teilflächen miteinander verschmolzen. Aus Ranken- und Flächenmustern entstanden veschiedene Ornamente: das „parterre en broderie", das „parterre de compartiment" oder das „parterre à l'angloise", wobei die Muster Arabesken, Ranken und Agraffen darstellten. [45] Die Zwischenräume wurden mit schwarzer, geriebener Kohle, rotem Ziegelmehl, weißem oder gelbem Kies farblich abgestimmt. Die Umrahmung der Parterres („Plate-bande") wurde mit Blumen bepflanzt [46] und mit Buchsbaum eingefaßt. Das an das Parterre anschließende Boskett („Lustwäldchen") [47] bestand aus zurechtgeschnittenen Heckenwänden und Nischen mit versteckten Ruheplätzen, teilweise mit Statuen versehen, wobei man Linden, Kastanien und Buchen für Baumwände, für niedere Hecken Eiben und Buchsbaum verwendete.

Treillagen waren weiterhin als Schattenspender sehr beliebt, wenngleich sie nicht mehr die abgrenzende Funktion wie im Renaissancegarten besaßen. Die Leidenschaft für Grotten nahm beständig zu, und häufig waren diese mit Statuen und mit Wasserscherzen ausgestattet. Orangerien durften nun in keinem Garten mehr fehlen. Sie bildeten den Rahmen für großartige Feste im Sommer. Orangen, Zitronen, Myrten und Lorbeer wurden in Kübeln gepflanzt und während der warmen Jahreszeit im „Orangerieparterre" aufgestellt. Die Wasserkünste wurden immer raffinierter und nahmen einen breiten Raum im Barockgarten ein: Wassertheater, große Kaskaden, Wassertreppen und Brunnenanlagen, aber auch Kanäle, auf denen Schiffe fahren konnten, waren äußerst beliebt.

Boulingrins („Bowlinggreen") kamen aus England und stellten ein vertieftes Rasenstück zum Kugelspiel dar, wobei es einfach gestaltet sein oder aus reich ornamentierten Formen bestehen konnte.

Äußerst kunstvolle Berceaux[48] galten als besonders aufwendig und kostspielig; um sie wurden Hecken, Sträucher und Bäume gezogen: Torbauten, Arkaden und Pavillons, aber auch Wandelgänge wurden auf diese Art errichtet.

Die großartigen festlichen Inszenierungen im Garten verlangten nach ideenreichen Künstlern: In Versailles schufen der Architekt Jules Hardouin Mansart und der Gartenkünstler André Le Nôtre ein Gesamtkunstwerk, welches in seinem gesteigerten Prunk und in seinem Programm eine Apotheose des absolutistischen Herrschers war. Das höfische Fest – vornehmlich im Garten – wurde für die schnellebige, stets nach neuen Effekten haschende Barockgesellschaft „eine Metapher für das Leben schlechthin"[49] und zu einer Zusammenschau aller Künste. Diese gigantischen und pompösen Steigerungen als „Divertissements de Versailles" des Sommers 1674 beschreibt Richard Alewyn in seinem Buch „Das große Welttheater". Demnach wurden die Gärten von Versailles festlich illuminiert und Tafelgesellschaften, Theateraufführungen, Tanzveranstaltungen, nächtliche Bootspartien, Jagden, Spiele und Opernaufführungen in kaum über-

Dezallier d'Argenville, Parterreformen: Parterre de compartiment

Versailles, Orangerieparterre

bietbarer Weise veranstaltet.[50] An den Höfen von München (Schleißheim und Nymphenburg) wie auch in Wien am Belvedere wirkte Dominique Girard, ein Schüler Le Nôtres, welcher das französische „Raffinement" übertrug und beratend bei der Anlegung der barocken Prunkgärten mitwirkte.

Ein großartiges Beispiel barocker Gartenkunst hat Salomon Kleiner in seinem „Wiennerischen Welttheater"[51] 1731 überliefert, in dem er u. a. das Hauptwerk von Lucas von Hildebrandt, das Belvedere, ausführlich vorstellt. Diese 1716 in ihrem Gesamtplan fertiggestellte Gartenanlage muß als eine der bedeutendsten ihrer Art angesehen werden, wobei die Neuheit in der Gegenüberstellung zweier Gartenschlösser, die durch einen in Terrassen angelegten französischen Park verbunden werden, bestand. Schon Aurenhammer stellte fest, daß die Bedeutung Hildebrandts „in der Verschmelzung der Prinzipien des klassischen französischen Parks und des italienischen manieristischen Terrassengartens" lag. So findet sich im Belvedere-Garten alles, was zur standesgemäßen Hofhaltung des Prinzen Eugen dazugehörte: Parterres, Bosketts, Treillagen und Berceaux, Pavillons („Cabinets de Treillage"), Boulingrins, Fontänen, Orangerien und Vogelhäuser. Die Unterhaltskosten beliefen sich jährlich auf 15.000 bis 16.000 fl., was bei dem exorbitanten Aufwand und der großen Schar von Tagwerkern und Gärtnergesellen nicht verwundert.

Besonders ausführlich überliefert Salomon Kleiner die Laubengänge und Lusthäuser im „Kleinen Garten". Die nach Entwürfen von Girard unter der Leitung von Garteninspektor Zinner erbauten Gartenhäuser galten als besondere Attraktion, waren sie doch in ihrer Herstellung aus vergoldetem Lattenwerk äußerst kostspielig: Das Innere dieser „Cabinets de Treillage" war mit Grotesken-

Versailles, Sal de Bal zur Zeit Ludwigs XIV.

Salomon Kleiner, Wiennerisches Welttheater, 1731, Belvedere, Kleiner Garten, Inneres des Pavillons

Salomon Kleiner, Wiennerisches Welttheater, 1731, Belvedere, Kleiner Garten, Oberes Parterre mit Laubengängen und Lusthäusern

malereien des Augsburger Künstlers Jonas Drentwett versehen; diese galten, der barocken Prunkentfaltung entsprechend, als Treffpunkt der heiteren Gesellschaft.[52]

Die Darstellung des Pommeranzenhauses zeigt die Doppelfunktion dieses Gebäudes auf: im Sommer als Orangerie mit Nischenwand und Statuen der ideale Platz für höfische Feste, wird dieser Bau durch Eindeckung und Verglasung im Winter als Aufbewahrungsort für die kälteempfindlichen Agrumen genutzt.[53]

Ein weiterer bedeutender Hof dieser Zeit war der in Dresden unter Kurfürst August dem Starken (1670 – 1733), welcher die alte sächsische Festtradition wieder aufleben ließ und diese zu einer nie dagewesenen Blüte führte. Dem Großen Kurfürsten zur Seite stand Matthaeus Daniel Pöppelmann, welcher die Schloß- und Gartenarchitektur meisterhaft verband. Es entstanden Anlagen wie der Zwinger, das Japanische Palais, der Große Garten, Schloß Pillnitz (mit fernöstlichem Einschlag) sowie der Barockgarten von Großsedlitz.[54]

In Tirol entstand zu Beginn des 18. Jahrhunderts ebenfalls ein bedeutender Adelsgarten, in dem wichtige Forderungen der barocken Gartenarchitektur erfüllt wurden: Zwischen 1714 und 1720 schuf Andreas Wenzel Freiherr von Sternbach eine Gartenanlage in Mühlau (Ansitz Grabenstein-Rizol), die kunstvoll angelegte Parterres, eine streng achsiale Ausrichtung, Fontänen, Wasserbassins mit Pavillons, eine beheizbare Orangerie, eine barocke Treppenanlage, ein Boskett, eine Grotte sowie ein Lusthaus und Salettln aufwies. Dieser repräsentative Garten, dessen barocke Grundstruktur heute noch, trotz der teilweisen Umwandlung in einen Landschaftspark, ablesbar ist, zeigt deutlich, daß auch in Tirol die französische Gartenkultur, wenn auch in bescheidenerem Maße, ihren Einzug gehalten hat (siehe S. 82ff). Ein Plan von 1720 zeigt die Gartenparterres vor dem Schloß und den erhöht gelegenen Gartenteil östlich davon, gibt jedoch keine Einzelheiten über Beetformationen und Art der Bepflanzung wieder. Aus den Relikten des Barockgartens lassen sich lediglich über die Beschaffenheit der Wasserpavillons und die Treppenanlage nähere Beschreibungen geben. Die beiden, links und rechts der Hauptachsen sich gegenüberstehenden Wasserpavillons (der westliche brannte bereits 1738 ab) waren jeweils über einen steinernen Steg erreichbar und boten angenehme Kühlung an heißen Sommertagen[55].

Der untere, im Wasser stehende Teil des achteckigen Pavillons war gemauert, während die Öffnungen im Oberbau mit hölzernem Lattenwerk versehen waren und von einer schindelbedeckten geschwungenen Haube bekrönt wurden. Das Innere überrascht durch idyllische Wandmalereien mit schwebenden Putti mit Blumengirlanden.[56] Die in den erhöhten Gartenbereich führende Steintreppe wird von je sieben kannelierten Steinpilastern flankiert, auf denen mit hoher Wahrscheinlichkeit barocke Steinskulpturen standen. Die heute noch erhaltene, beheizbare Orangerie setzt das Vorhandensein von Zitronen- und Orangenbäumchen als Kübelpflanzen voraus.

Auch die Haller Stiftsdamen ließen sich einen prächtigen Garten anlegen: Die Anfänge gehen in die Zeit der Gründung des Stiftes im 16. Jahrhundert zurück, doch fanden im 18. Jahrhundert verschiedene Änderungen statt (siehe S. 72ff).

Salomon Kleiner, Wiennerisches Welttheater, 1731, Belvedere, Kleiner Garten, Prospekt des Pommeranzenhauses während der Eindeckung für den Winter

Nikolaus Schiel, Kloster Neustift mit barocker Gartenanlage und Piszin, 1673 (Ausschnitt)

Zum einen wurde 1715/17 unter Eleonore Gräfin Herberstein der Stiftssaal als Repräsentationsbau für verschiedene Festlichkeiten erbaut, zum anderen gab es eine Orangerie und ein chinesisches Gartenhaus[57] im sogenannten Täschgarten, neben dem schon früher entstandenen „Sommerhaus im Kreithlgarten" (= Brunnenhäuschen) und den beiden Kapellen St. Joseph und Maria Hilf (= Maria Schnee), welche zur „geistigen Erbauung" der Stiftsdamen bei längerem Aufenthalt im Garten dienten, vor allem während der Erdbeben.[58]

Ein barocker Prunkschrank zeigt auf seinen Schubladenfronten auf Glas gemalte Miniaturen, die u. a. auch Gartenszenerien zum Inhalt haben: So sieht man auf der Mittelfront die Westfassade des Gartensaales mit einer großen Fontäne und lustwandelnden Stiftsdamen, während die Gründerin des Stiftes, Erzherzogin Magdalena, von einer Wolke herunterschaut. Ein Broderieparterre ist andeutungsweise zu sehen und gibt so Auskunft über eine mögliche Gartengestaltung rund um den Stiftssaal.

Der Gartensaal von Wilten (siehe S. 116ff), gemalt um 1710 von Kaspar Waldmann und Johann Ferdinand Schor, stellt mit seinen illusionistischen Gartenlandschaften ein Unikum in der Gartenszenerie Tirols dar und braucht einen Vergleich mit den später entstandenen „Bergl-Zimmern" von Schönbrunn nicht zu scheuen. Hier wie dort erzeugte man eine Traumkulisse und versetzte den Betrachter in eine utopische Gartenlandschaft.

Bei fast allen Klöstern Tirols finden sich barocke Gartenanlagen mit kunstvoll angelegten Rabatten und Gartenhäusern, Orangerien, Volieren und Treillagen, wobei sich noch einige Anlagen in ihrer Struktur erhalten haben (Neustift, Stams, Wilten). Vielfach wurde jedoch später der Aufwand reduziert und an die Stelle der barocken Gartenparterres sind einfache Obstgärten getreten (Serviten, siehe S. 126ff).

Hall, Stiftsgarten, Buchsparterre vor dem Stiftssaal

Der Innsbrucker Hofgarten wurde erst sehr spät barockisiert, wobei feudaler Repräsentationswille vorrangig war: Parallel mit dem Umbau der Hofburg erfuhr auch der dazu gehörende Garten eine Umgestaltung nach der Mode der Zeit.[59] Ein Plan, der erste Anzeichen einer Barockisierung vermittelt, stammt aus dem Jahre 1763 und zeigt anstelle des verpachteten Ertragsgartens nun barocke Parterres, eine durchlaufende Achse in Nord-Süd-Richtung sowie zu Rondellen erweiterte Plätze mit Fontänen als Mittelpunkt.[60] Der östliche Teil des Gartens ab dem Mittelpavillon scheint als Broderieparterre auf, während der westliche Teil ein Baumgarten war. Im Regelhaus- und im Gouverneursgarten folgten die Beete ebenso der barocken Mode wie im südlich des Großen Hofgartens gelegenen Gartenteil (noch zum Regelhaus gehörend, heute Busparkplatz), in dem sich, neben einem Gemüsegarten, ornamentierte Teppichbeete mit Springbrunnen, ein Baumgarten und der Hasengarten befanden. Letzterer wurde später in den sogenannten „Hofapothekergarten" umgewandelt und vom Hofapotheker Winkler von 1837 bis 1843 gepachtet[61]

Im Plan von Mathias Perathoner[62] erkennen wir neuerliche Veränderungen, die vor allem die Beetgestaltung betrafen. Der östliche Teil des Großen Hofgartens mit seinen vielgestaltigen, arbeitsintensiven Parterreformationen ist nun verschwunden. An ihrer Stelle liegt ein großes Rondell, in dessen Mitte das Reiterstandbild von Erzherzog Leopold V. steht. Rund um den Mittelpavillon gruppieren sich weitere Rondelle mit jeweils einer Fontäne als Mittelpunkt (siehe S. 61).

So hat auch der Innsbrucker Hofgarten eine kurze Zeit des barocken Glanzes erlebt, kurz, da seine Barockisierung erst spät erfolgte. Im Zuge der Kriegswirren zu Beginn des 19. Jahrhunderts wurde er weitestgehend vereinfacht und rationalisiert. Bis zum englischen Landschaftsgarten aber sollten dann noch fast 5o Jahre vergehen.

Anton Rangger, Plan von der Situation des Yn-Strohms, 1763, Detail

Wörlitz, Venustempel, ein „malerisches Gartenbild": frühester deutscher Landschaftsgarten

Landschaftsgärten des 19. Jahrhunderts

Der von England ausgehende Landschaftsgarten fand seine erste Umsetzung bereits in der ersten Hälfte des 18. Jahrhunderts. Der früheste deutsche Landschaftspark entstand in Wörlitz zu Ende jenes Jahrhunderts. In Tirol gab es englische Anlagen seit den 30er Jahren des 19. Jahrhunderts: den Hofgarten zu Innsbruck, den Park von Ambras und den Schloßpark Matzen.[63)]
Die geschichtlichen Voraussetzungen, die zum Landschaftsgarten führten, waren eng verknüpft mit den Ideen der Aufklärung: Man wollte die Grenzen zur freien Landschaft vergessen machen und all ihre Naturschönheiten wie Hügel, Täler, Bäche, Wiesen und Wälder miteinbeziehen. Eine neue, liberale Paradiesvorstellung sollte nun verwirklicht werden; es gab keine „gezähmte, beschnittene Natur" wie in der Barockzeit, auch löste man sich von der Vorherrschaft der Architektur. Gerade Achsen sowie kunstvoll ornamentierte Beetformationen wurden verpönt – alles mußte geschwungen, natürlich erscheinen. Man übersah, daß auch dem Landschaftsgarten der Plan eines Gartenarchitekten zugrunde lag.[64)]
Anthony Ashley Cooper, Earl of Shaftesbury (1671–1713) übte mit seinem Werk „Characteristics of Men, Manners, Opinions, Times" von 1711 großen Einfluß aus und galt als Wegbereiter des englischen Gartenstils. Der Barockgarten war für ihn ein „Symbol politischer Unterdrückung und Willkür, ein Synonym des Ancien regime"[65)]. Jean-Jacques Rousseau plädierte mit seiner Aufforderung „Zurück zur Natur" für ein freies natürliches Leben und beschrieb in seiner „Nouvelle Heloise" einen Naturgarten, der durch seine Ungezähmtheit seine Zeitgenossen begeisterte. Alexander Pope (1688–1744), ein Hauptvertreter des Klassizismus in der englischen Literatur, wandte sich gegen die starren geometrischen Formen und regte an, die Natur zu studieren und im Garten nachzuahmen; der frei wachsende Baum wurde zum Sinnbild des freien Menschen, als Gegensatz zum absolutistischen Herrschertum.

Der englische Architekt William Chambers[66)] bereiste 1744 und 1748 China und vermittelte chinesische Gartenkultur nach England. Den Chinesen galt die Natur selbst, die sie in all ihrer Unregelmäßigkeit nachahmten, als Vorbild. Gleichzeitig wurden exotische Pavillons zur Modeerscheinung, Chambers entwarf für Kew Gardens eine achteckige Pagode, wobei nicht die Authentizität, sondern die Freude am Exotischen ausschlaggebend war.[67)] Die beiden in Tirol bestehenden chinesischen Gartenhäuser, der Pagodenturm und das chinesische Gartenhaus in Brixen (siehe S. 78ff) gehören der ersten Chinawelle des späten 16. Jahrhunderts an, welche durch die engen Beziehungen zwischen dem Spanischen Königshof und den Wiener Habsburgern hervorgerufen wurde.
Vorlage und Quelle der Inspiration fand man weiters in den Landschaftsmalereien des 17. Jahrhunderts, vor allem bei Poussin und Lorrain, die arkadische Ideallandschaften aus der römischen Campagna darstellten. Englische Adelige lernten römische Bauwerke auf ihrer Kavalierstour durch Italien kennen und übertrugen diese dann auf ihre Gartenanlagen, wie etwa den Tempel der Sybille von Tivoli, der sich z. B. in Stowe wiederfindet.

Auch der Denkmalkult des 19. Jahrhunderts hatte seine Wurzeln im Landschafts-garten. Es entstand eine dekorative Architektur als Staffage und Stimmungsträger, häufig in historischen oder exotischen Formen (gotische Kapelle, römische Ruine, chinesische Pagode . . .) oder als Zitat berühmter Bauwerke (in Tirol der „Rolandsbogen" im Schloßpark Matzen).

Ein wichtiger Vorkämpfer für die neue Gartenkunst in Deutschland war Cajus Lorenz Hirschfeld (1742 – 1792), der mit seinem fünfbändigen Werk „Theorie der Gartenkunst"[68] Ordnungsregeln für den Landschaftsgarten aufstellte. Er defi-nierte die Bestimmung der Gärten damit, „Aufenthalt des Vergnügens" zu sein, den „süßen Genuß der Freyheit, der Aussichten, der Spaziergänge, der Kühlung, des Wohlgeruchs mit ihren Vortheilen für den Geist und für die Gesundheit" zu bieten sowie „Zufluchtsort der Philosophie" zu sein.

William Kent erachtete die gekrümmte Linie als unerläßlich für den neuen Gartenstil; er begann 1730 im Garten von Stowe die noch vorhandene Geometrie aufzulockern, gemeinsam mit Lancelot Brown (1715 – 1783).[69]

Mit der Schaffung des „Tales der Elysischen Gefilde" verhalf Kent dem neuen Gartenstil zum Durchbruch: in Anlehnung an Gemälde von Claude Lorrain schuf er geschwungene Wege, staute einen Fluß zu einem kleinen See, errichtete Brücken und Grotten sowie den „Tempel der antiken Tugend" (= Kopie des Tempels der Sybille in Tivoli), in dessen Nischen die Büsten berühmter Engländer aufgestellt waren. Die Einbeziehung von Seen wurde zu einem wichtigen gestal-terischen Element.

Auch in Wörlitz machte sich unter Fürst Leopold Friedrich Franz von Dessau und seinem Architekten Friedrich Wilhelm von Erdmannsdorff der unmittelbare Einfluß Englands deutlich bemerkbar. Der „Gartentourismus", durch illustrierte Gartenführer in England propagiert, wurde anfänglich nur von einigen wenigen genutzt, doch entstand so eine direkte Übernahme von „Gartenzitaten".

Der kunstbegeisterte Fürst zu Dessau war zudem noch ein großer Anhänger Winckelmanns. All das schlug sich in der Konzeption von Wörlitz nieder: Auch hier finden sich ein buchtenreicher See in der Mitte der Anlage und Staffage-bauten wie Gotisches Haus, Englischer Sitz, das Pantheon, die Synagoge, die Grotte des Eremiten, die Kettenbrücke oder der Floratempel. Goethe verleiht seiner Begeisterung über Wörlitz 1778 in einem Brief an Frau von Stein Aus-druck, indem er schreibt: „Hier ists unendlich schön. Mich hats gestern Abend, wie wir durch die Seen, Canäle und Waldgen schlichen, sehr gerührt, wie die Götter dem Fürsten erlaubt haben, einen Traum um sich herum zu schaffen. Es ists, wenn man so durchzieht, wie ein Mährgen, das einem vorgetragen wird, und hat ganz den Charakter der Elisischen Felder"[70].

Auch Weimar wurde, bedingt durch die fruchtbare Zusammenarbeit zwischen Herzog Carl August und Goethe, ein Zentrum der neuen Gartenbewegung. Im Park an der Ilm (Goethe bezog sein Gartenhaus 1776) entstand ebenfalls ein großartiger Landschaftspark mit teilweise sentimentalen Staffagen: das Luisen-kloster (in Form eines Borkenhäuschens), das Römische Haus (klassizistischer Landsitz des Herzogs), eine Grotte mit Sphinx, Felsengetürm und Wassersturz, der Schlangenstein sowie einer Reihe von botanisch interessanten Bäumen (Pyramidenpappeln, Bleistiftzedern . . .).

Stowe, Palladianische Brücke

C. L. Hirschfeld, Theorie der Gartenkunst, 1780/85, Entwurf für eine Einsiedelei

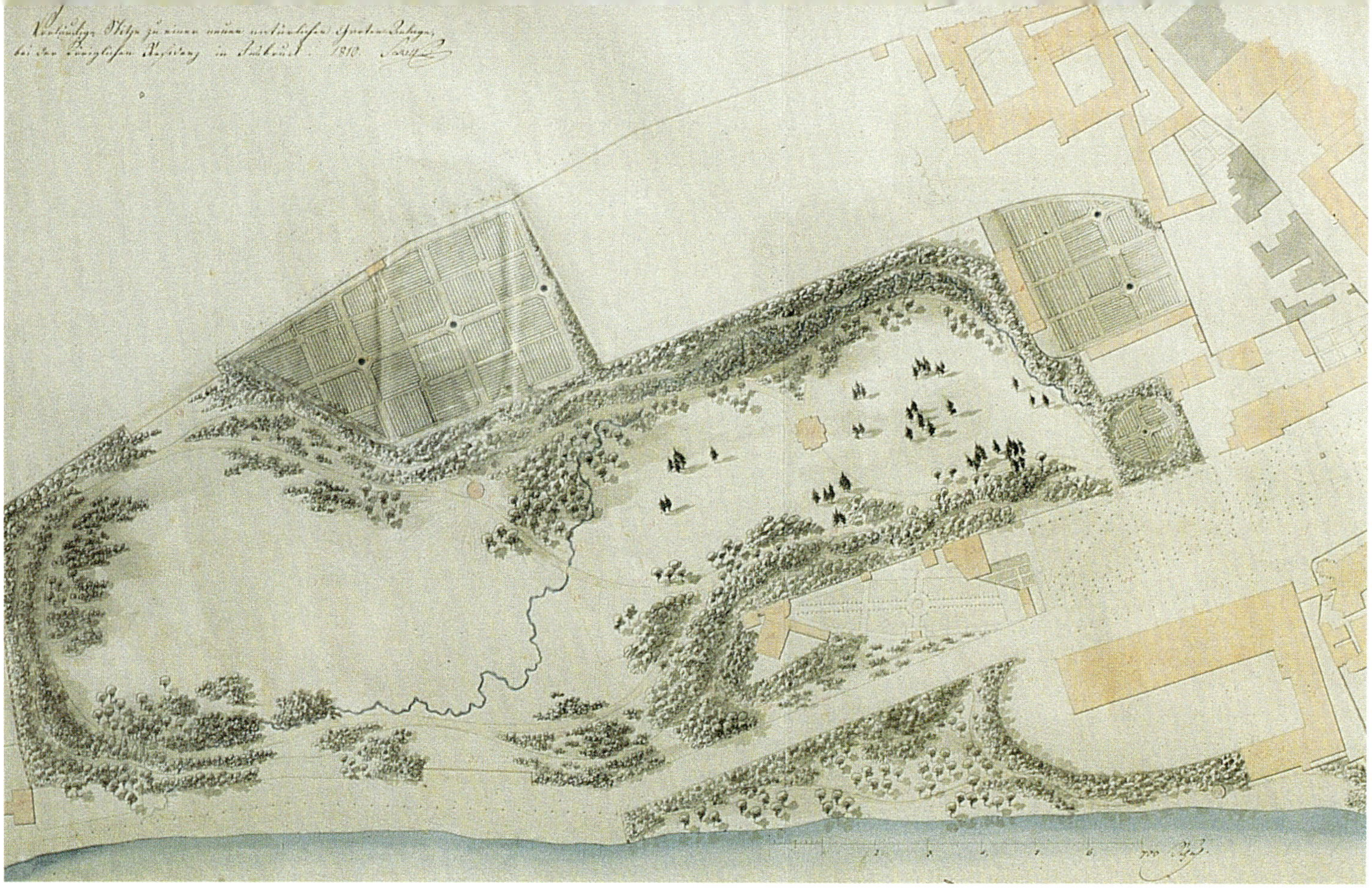

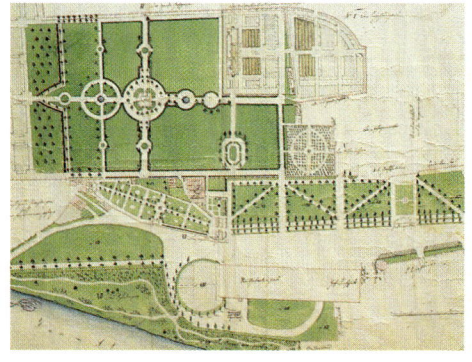

Friedrich L. v. Sckell, Plan zur Umgestaltung des Innsbrucker Hofgartens, 1810

Anton M. Engl, Der Hofgarten zu Innsbruck, 1818, erste Anzeichen eines englischen Gartens im Bereich des Schießangers am Inn

Der bedeutendste deutsche Gartenarchitekt jener Zeit war Friedrich Ludwig von Sckell (1750 – 1823), welcher als einer der ersten den englischen Gartenstil in Deutschland durchsetzte. Ein längerer Studienaufenthalt in England begeisterte ihn und fand seinen ersten Niederschlag bei der Anlage in den Gärten von Schwetzingen und Bruchsal. Seit 1804 als Hofgartenintendant in München tätig, wurde der dortige Englische Garten sein Hauptwerk: Geschwungene Wege, Lichteffekte, ein sich durchschlängelndes Bächlein und vor allem eine radikale Änderung der bisherigen Bepflanzung machten den Park zu einem der wichtigsten Anlagen des 19. Jahrhunderts. Umso bedeutender ist es für Innsbruck, daß der berühmte Hofgartenintendant Sckell von Kronprinz Ludwig (während der bayrischen Besatzungszeit) den Auftrag erhielt, einen Plan für die Umgestaltung des Hofgartens in einen Landschaftspark zu entwerfen. Dieser von Friedrich Ludwig von Sckell 1810 gezeichnete Plan[71] sieht für den Hofgarten geschwungene Wege, locker arrangierte Baumgruppen („Clumps"), ein in vielen Windungen sich querfeldein ziehendes Bächlein sowie naturbelassene Freiräume mit Licht- und Schatteneffekten vor.

Bedingt durch politische Wirren, Kriegsgeschehen und mangelnde Finanzkraft kam es nicht zur Umsetzung dieses Plans. Der Innsbrucker Beamte Philipp Miller wurde 1829 nach München geschickt, um den Sckell-Plan zu kopieren, aber auch diese Vorlage wurde nur zögernd umgesetzt.

Erste englische Ideen wurden im Bereich des Schießangers am Inn verwirklicht, wie der Plan von Anton M. Engl aus dem Jahre 1818 zeigt.[72] Die Bezeichnung „Englische Anlage" für diesen Teil des Hofgartens besteht also zu Recht. Die endgültige Umwandlung in einen Landschaftsgarten erfolgte erst 1857/58, wie ein weiterer Plan bestätigt[73].

Ein ebenfalls bedeutender Schöpfer von Landschaftsgärten ist Hermann Ludwig Heinrich Fürst von Pückler-Muskau (1785 – 1871). Er bereiste 1826/29 England und wurde während dieses Aufenthaltes von den Neuerungen in der Gartengestaltung inspiriert. Im heimatlichen Muskau verwirklichte er diese Ideen auf eigenem Grund und Boden, wobei er die Gestaltung persönlich überwachte. Luisensee, Karpfenbrücke, Orangerie und Treibhäuser, Fasanerie, Fischerhütte, Tempel der Beharrlichkeit, Weinberg, das englische Haus, das Bad, das Observatorium, der Pleasureground rund um das Schloß, beabsichtigte Durchblicke sowie berechnete Ausblicke auf weite Wiesenflächen, Wasserläufe und ferne Baumgruppen entsprachen ganz Pücklers Vorstellung, wobei die gestaltende Hand des Gärtners so wenig wie möglich in Erscheinung treten durfte.

Das Ideal landschaftlicher Gartenkunst war für Pückler dort erreicht, „wo sie wieder freie Natur, jedoch in ihrer edelsten Form, zu sein scheint". In seinem Werk „Andeutungen über Landschaftsgärtnerei"[74] gibt er wesentliche Hinweise zur Anlegung eines englischen Parks und dessen Erhaltung sowie eine Beschreibung seines Parks in Form von Spazierfahrten. Diese seine Gartenliebhaberei – 3o Jahre widmete er seinem Park in Muskau – trieb ihn in den finanziellen Ruin, sodaß er 1845 den Muskauer Besitz verkaufen mußte. Er zog sich nach Branitz, auch im Familienbesitz, zurück, um dort einen weiteren Landschaftspark anzulegen. Ohne die Grenzenlosigkeit der Muskauer Anlage gelang ihm hier ein Kunstwerk von hohem Rang. Gottfried Semper stand ihm beratend zur Seite[75]. Auch in dieser Gartenschöpfung blieb das Wasser ein wesentliches Gestaltungselement, das zur erhöhten Wirkung der Parkräume beiträgt. Als interessante Neuerung schuf Pückler drei Tumuli (= Hügelgräber), die an ägyptische Pyramiden

Hermann Fürst Pückler-Muskau, Andeutungen über Landschaftsgärtnerei, 1834, Blauer Garten mit Fuchsienbrücke

Hermann Fürst Pückler-Muskau, Andeutungen über Landschaftsgärtnerei, 1834, Schloß Muskau

Hall, Winklergut, Biedermeieransicht, um 1845, Blumendetail

erinnern und den Fürsten als einen universal gebildeten, weitgereisten Mann auszeichnen. Hier fand er auch seine letzte Ruhestätte.

Zur gleichen Zeit, in der Fürst Pückler-Muskau seine genialen Landschaftsgärten anlegen ließ, entwickelte sich in Österreich eine spezifische Sonderform der Gartengestaltung. Bedingt durch die Lebensgewohnheiten des erstarkten Bürgertums wie auch durch eine Überbetonung des privaten Bereichs und eine Rückbesinnung auf geborgene Häuslichkeit, entstand der „Biedermeiergarten" als sentimental-romantische Verklärung und als Gegenpol zur Aufklärung. Es wurden nun kleine, intime Gärten mit kunstvollen Blumenarrangements bevorzugt, Gartenhäuschen, Kegelbahnen und botanische Raritäten luden zum Verweilen im Garten ein, wo man im Freundeskreis gerne außergewöhnliche Pflanzen bewunderte und die häusliche, abgeschiedene Idylle genoß.[76] In Tirol waren es der Garten von Melans (siehe S. 96ff) und das Winklergut in Hall (siehe S. 136ff), aber auch der Park am Bergisel (siehe S. 140ff), welche den biedermeierlichen Anforderungen entsprachen.

Das Kaiserhaus selbst ging beispielgebend voran: Kaiser Franz I. hatte eine Ausbildung zum Gärtner genossen[77]. Er begründete den Wiener Volksgarten als eine der Öffentlichkeit zugängliche Anlage. Zudem ließ er die Aufstellung von „Blumenhütten", den Vorgängern unserer Blumengeschäfte, zu. Expeditionen brachten ebenfalls reiche Ausbeute an bisher unbekannten Pflanzen, die dann, mit heimischen Sorten gemischt, die Gärten zierten.[78] Berühmte Züchtungen von Rosen, Orchideen und Chrysanthemen entstanden; diese wurden von Zeitgenossen bestaunt und führten zu den ersten Gartenausstellungen. Die verstärkte Neigung zu Gartenbau und Botanik fand selbstverständlich auch in einigen Gärten Tirols ihren Niederschlag.

Der dritte große deutsche Landschaftsgartenarchitekt war Peter Joseph Lenné (1789 – 1866), der über 50 Jahre lang in Potsdam tätig war. Große, ungeteilte Rasenflächen, Haine, gewundene Wege und tiefe Sichtschneisen sind charakteristisch für ihn. Die gärtnerischen Anlagen rund um den Charlottenhof und die Römischen Bäder, später auch des Sizilianischen und des Nordischen Gartens, zeigen ihn als versierten Gartengestalter. Sein Alterswerk aber, der Marlygarten in Sanssouci, grenzt sich zum Landschaftspark wiederum deutlich durch seinen geometrischen, regelmäßigen Stil ab.[79]

Potsdam, Charlottenhof, „Römische Bäder", Gartenanlage von Peter Joseph Lenné, 1. Hälfte 18. Jahrhundert

In Innsbruck ließ Statthalter Erzherzog Karl Ludwig Schloß Ambras zu seinem Wohnsitz adaptieren. Der weitläufige Park und der Keuchengarten wurden im Stil eines Landschaftsgartens 1856/58 umgewandelt, wobei geschwungene Wege und locker arrangierte Baumgruppen das Bild prägten. Im Keuchengarten ließ der Erzherzog nierenförmige, miteinander korrespondierende Gartenkompartimente anlegen und ein Schwimmbad errichten[80]. Der Plan von Heinrich Förster aus dem Jahre 1858 bestätigt diese Umwandlung[81].

Eine der bedeutendsten Gartenschöpfungen des 19. Jahrhunderts in Tirol war der spätromantische Schloßpark von Matzen (siehe S. 104ff), der ab 1885 angelegt worden ist. Der Bauherr, Franz Freiherr von Lipperheide, ließ hier einen Landschaftspark entstehen, dessen hoher Stimmungsgehalt trotz mannigfacher

Einbußen immer noch spürbar ist. Vier Teiche, in der Sichtachse zwischen der Burg Matzen und dem neugotischen Schlößchen Lipperheide gelegen, verschiedene Denkmäler, ein Nymphäum, ein Hippodrom, Salettln, eine verfallene Ruine, ein Casino, und als „Gartenzitat" der Rolandsbogen, eine Kopie seines berühmten Vorgängers, waren neben verschiedenen exotischen Pflanzen wichtige Staffagen dieses Parks.

Er vermittelte romantisches Empfinden und Naturbegeisterung gleichermaßen und war bei den Zeitgenossen Lipperheides hochgeschätzt: Nicht nur für den Hausherren bedeutete er ein Tuskulum inmitten der Tiroler Gebirgslandschaft.[82]

Landschaftsgärten erscheinen in einer gebirgigen, von der Natur reich ausgestatteten Umgebung, wie sie Tirol aufweist, als Paradoxon. Dennoch folgte man auch hierzulande dem Trend der Zeit. Meist war es nicht nötig, künstliche Hügel und Täler zu konstruieren, denn das unebene Terrain sorgte von selbst für adäquate Abwechslung. Doch auch hier durfte man so wenig wie möglich von der Planung des Gartenarchitekten bemerken, die Gartenräume sollten wie zufällig und naturgegeben aussehen. Daß dieses Postulat im Schloßpark von Matzen großartig umgesetzt worden ist, macht nicht zuletzt den Charme der Anlage aus.

Reith/Brixlegg, Schloßpark Matzen, Rolandsbogen, Ende 19. Jahrhundert

Reith/Brixlegg, Schloßpark Matzen, Nymphäum, alte Ansicht

Wien, Donaupark (XXI. Bezirk),
Bepflanzung und Spielplatz

Ausblick auf die Moderne

Durch das unerwartete Wachstum der Städte, die zunehmende Industrialisierung und die daraus resultierenden schlechteren Umweltbedingungen wurden um die Mitte des vorigen Jahrhunderts neue, fordernde Aufgaben an die Gartenkunst gestellt. Eine Vorbildwirkung hatte dabei Amerika, wo in nahezu allen Groß-städten Parks entstanden. Man wollte die Natur in das wachsende Häusermeer miteinbeziehen und für die Menschen einen Ausgleich zu den negativen Erschei-nungen der „Verstädterung" schaffen. Führend bei der Planung und Ausführung dieser Volksparks war Frederic Law Olmstedt, der auch den Wettbewerb für die Gestaltung des 250 Hektar großen Central Parks in New York gewann (1854). Seine völlig neuen Gesichtspunkte bei der Anlegung eines Parks zielten vor allem darauf ab, den Menschen Möglichkeiten für Bewegung, Entspannung und Begeg-nung zu verschaffen. Deshalb plante er Seen für Bootsfahrten und zum Eislaufen, Promenaden, Spazier-, Reit- und Fahrwege und Blumengärten.
Die Forderung nach öffentlichen Parks, nach Kinderspielplätzen, nach Stätten der Erholung inmitten des Großstadttrubels wurde überall laut. Es entstand eine regelrechte Volksparkbewegung, wobei nun erstmals das Privileg der herrschen-den Schichten als Besitzer von Parks gebrochen wurde. Gustav Meyer vertrat in seinem „Lehrbuch der schönen Gartenkunst" die Meinung, daß Volksgärten Plätze zum Radfahren, Ballspielen, Rennbahnen und auch Liegewiesen aufweisen sollten.

In der Mitte des vorigen Jahrhunderts vermachte der deutsche Arzt Dr. Schreber der Stadt Leipzig eine namhafte Summe mit der Auflage, dafür Gründe zu kaufen und diese in ganz kleine Gärten einzuteilen (rund 200 Quadratmeter) und an interessierte Bürger zu verpachten. Bald darauf nahmen sich private Vereine dieser Sache an und die Schrebergartenidylle fand ihren Weg durch ganz Europa. Grundgedanke dabei war, daß man weniger wohlhabenden Bürgern die Möglich-keit gab, sich ein eigenes Gärtchen zu bebauen, und gleichzeitig eine grüne Oase, meist am Stadtrand gelegen, schuf. Daneben entstanden aber auch Villengärten des reich gewordenen Bürgertums in den unterschiedlichsten Geschmacksrich-tungen.
Am Beginn unseres Jahrhunderts machte sich vor allem der Eklektizismus in den Gärten breit. Man begann zunehmend in willkürlicher Auswahl einzelne Elemente aus dem Barock-, Renaissance- oder Landschaftsgarten miteinander zu verbinden. Dazu setzte man bunte Blumen. Barocke Vasen fehlten ebenso-wenig wie Götterstatuen aus Gips.
Kurparks, welche seit der Mitte des 19. Jahrhunderts entstanden, hatten die Aufgabe, dem Kursuchenden seinen Aufenthalt so angenehm wie möglich zu machen. Verschiedene Einrichtungen, wie Promenaden, Pavillons und Zierbauten, wurden zur Freude und Erbauung des erholungsbedürftigen Publikums errichtet und hatten neben ihrer funktionalen auch eine ästhetische und praktische Funktion zu erfüllen. Meran kann als Musterbeispiel eines Nobelkurortes in der Monarchie angesehen werden (siehe S. 132ff).

Für die gegen Ende des 2o. Jahrhunderts angelegten Parks muß festgestellt werden, daß ihnen selten eine Philosophie, ja vielmehr reines Nützlichkeitsdenken zugrunde liegt. Es bleibt ein zögerndes Hoffen, daß Nüchternheit und Nutzungsanspruch in verstärktem Maße einer etwas beseelteren Gartenschöpfung Platz machen sollten.

Innsbruck nutzte eine städtebauliche Chance, als die Stadt sich dazu entschloß, auf dem ehemaligen Areal des Gaswerkes in den 7oer Jahren den Rapoldi-Park entstehen zu lassen, der nicht nur eine notwendige Grünfläche ist, sondern auch den Wünschen der Bevölkerung nach Ruhe und Erholung, nach Sport- und Spielstätten nachkommt. So diktiert heute vornehmlich unsere Freizeitgesellschaft die Standards moderner Volksgärten.

Skulpturenparks [83] hingegen geben Anlaß zur Hoffnung, daß moderne Grünanlagen wieder mehr Freiraum für künstlerische Gestaltung zulassen. Dies würde auch eine Rückbesinnung und erhöhte Wertschätzung den historischen Gärten gegenüber bedeuten (siehe S. 152f).

Auch aus diesem Anliegen heraus ist das vorliegende Buch entstanden.

Schloß Ambras, Landschaftspark mit Stein von Karl Prantl, Ausstellung 1997

1) Zit. aus T. Wengel, Gartenkunst im Spiegel der Zeit, 1985, S. 5ff, und W. Hansmann, Gartenkunst der Renaissance und des Barock, 1983, S. 15ff.

2) Pflanzen des „Capitulare de villis vel curtis imperii" (= Landgüterverordnung), zitiert aus M. Canestrini, Bauerngärten in Tirol und im Trentino (Arunda 21) 1987, S. 1off.

3) Rhabanus Maurus, De universo, lib. XIX, cap. IX, zit. aus M. L. Gothein, Geschichte der Gartenkunst I, 1926, S. 189.

4) Hildegard v. Bingen, Liber simplicis medicinae, zit. aus Canestrini, op. cit., S. 33.

5) Albertus Magnus [Albert Graf Bollstädt], De vegetabilibus, liber septimus, de mutatione planta ex silvestris in domesticatione, Erstdruck Venedig 1517. Er erwähnt u. a. Pfingstrosen, Lilien, Schwertlilien, Rauten, Ringelblumen und weiße Narzissen.

6) Gothein, op. cit. I, S. 2o7.

7) Pietro de Crescenzi, Opus ruralium commodorum, 13o4/o9. Das Werk wurde bereits damals mit großem Erfolg in Volkssprachen übersetzt, s. a. Gothein, op. cit. I, S. 212.

8) Guillaume de Lorris, Roman de la Rose, 122o/3o. S. a. M. Niedermeier, Erotik in der Gartenkunst, 1995, Gothein, op. cit. I, S. 2o2ff, und Wengel, op. cit., S. 7of.

9) Unbekannter flämischer Maler, Ideale Gartenansicht, Burgund, Anfang 15. Jahrhundert, British Museum, Harleian MS 4425.

1o) Freskenzyklus von Lichtenberg mit höfischen Szenen um 139o, heute abgelöst und im Tiroler Landesmuseum Ferdinandeum. Fresken des Adlerturms mit den Monatsdarstellungen im Castello del Buonconsiglio, um 14oo, vermutlich böhmische Hofmaler.

11) Leon Battista Alberti, De Architectura, 1452, Erstdruck 1485, sowie De re aedificatoria, libri X, deutsch v. M. Theuer, 1912.

12) Gothein, op. cit. I, S. 22off.

13) Georgina Masson, Italienische Gärten, 1962, S. 124f, betont die Bedeutung der Anlage für die Entwicklung der europäischen Gartenkunst. Vgl. auch Gothein, op. cit. I, S. 242ff.

14) Beschreibung des Castello-Gartens durch Joseph Furttenbach, Newes Itinerarium Italiae, Ulm 1637 [Nachdruck 1971], S. 242ff, sowie durch Giorgio Vasari, Die Lebensbeschreibungen der berühmtesten Architekten, Bildhauer und Maler, hrsg. v. A. Gottschewski u. G. Grohnau, 191o, Bd. VII/1, Vita des Tribolo, S. 242ff.

15) Topiarien sind Plastiken aus pflanzlichem Material: immergrüne Hecken, Taxus und Buchsbäume wurden beschnitten und zu bizarren Figuren gestaltet; Topiarien waren schon in der Antike beliebte Dekorationsformen, verloren jedoch in der Hochrenaissance an Beliebtheit.

16) Pirro Ligorio war der Künstler, Kardinal Ippolito II. d'Este der Bauherr der Villa d'Este in Tivoli. Sie wurde bezeichnet als „das reichste, durch Naturvorzüge ewig unerreichbare Beispiel eines Prachtgartens" (Hansmann, op. cit., S. 22).

17) Colonna sieht in der antiken Kunst einen Höhepunkt, der studiert werden müsse, um zu neuen Glanzlichtern zu gelangen. Unter dem Namen Colonna vermutet man ein Pseudonym (Mönch, Fürst oder Gruppe von Autoren); s. a. Niedermeier, op. cit., S. 1o4ff.

18) Joseph Furttenbach, Architectura privata, Ulm 1641 [Nachdruck 1971], S. 12ff.

19) Zur Geschichte des Hofgartens siehe: F. Steinegger, Aus der Geschichte des Innsbrucker Hofgartens, in: K. Walde (Hrsg.), Der Innsbrucker Hofgarten und andere Gartenanlagen in Tirol (Schlern-Schriften 231) 1964; M. Frenzel, Historische Gartenanlagen und Gartenpavillons in Tirol, phil. Diss. Innsbruck 1978, S. 88ff, sowie dies., Der Hofgarten, in: Österreichische Kunsttopographie, Bd. XLVII, Die Kunstdenkmäler der Stadt Innsbruck. Die Hofbauten, 1986, S. 449ff.

2o) Pietro Andrea Mattioli, Il Magno Palazzo del Cardinale di Trento, Venedig 1539. Die in Oktaven verfaßte, dem Fürstbischof gewidmete Beschreibung gilt als die wichtigste Quelle zum Aussehen des Schlosses zur Zeit von Cles. Mattioli war Hofarzt von Cles und Naturwissenschaftler. U. a. kommentierte er den „Dioskurides" in einer Beschreibung von 7oo Pflanzen.

21) D. Hennebo / A. Hoffmann, Geschichte der Gartenkunst, 3 Bde., 1962/65, Bd. 2.

22) Im „Prunwerch", einem Papierband von Wenzel Jamnitzer und Francesco Terzio, sind ähnliche Brunnenentwürfe enthalten, zum Teil mit Widmung an Erzherzog Ferdinand II. (Kunsthistorisches Museum Wien, Inv. Nr. KK 535o, fol. 5). Die Bezeichnung „singender Brunnen" kommt daher, daß die herunterfallenden Wassertropfen auf dem Glockenmetall verschiedene Töne erzeugt haben.

23) Diese Zeichnung Wolmuts ist mit 22. März 156o zu datieren und stammt ebenfalls aus dem Prager Archiv, CÖKM-IV.P. Die Abgrenzung zwischen den Bauwerken von Kaiser Ferdinand I. und jenen von seinem Sohn Erzherzog Ferdinand II. ist nicht immer möglich.

24) Dieser Plan wurde freundlicherweise von der Kanzlei des Präsidenten der Tschechischen Republik auf dem Hradschin zur Verfügung gestellt. Prague, Archiv Prazskeho hradu, Inv. Nr. 142/36.

25) Es könnte sich dabei um ein Gebäude mit Grisaillemalereien handeln, wie es der damaligen Mode entsprach, ähnlich dem Aussehen des heute noch in Prag erhaltenen Großen Ballspielhauses. Philipp Hainhofer erwähnt es in seiner Reisebeschreibung 1628: „Darbey ist das böhmische hauß, welches ein lusthaus, gleich am Yhn, da man die feurwerckh wirfft", 1649 bei Merian abgebildet; zur Geschichte siehe ÖKT, op. cit., Bd. XLVII, S. 457ff.

26) So war Ferdinand II. maßgeblich am Entwurf seines Lustschlosses Stern (Hvezda) bei Prag 1555/56 beteiligt. Der Bau wurde von Giovanni Maria Aostali und Giovanni Lucchese auf dem Grundriß eines sechseckigen Sterns errichtet.

27) Beschreibungen von Ambras vom Jahre 1574, aus des Stephanus Venandus Pighius Hercules prodicius oder des Prinzen Karl Fridrich v. Cleve Reise nach Italien; übersetzt in: Alois Primisser, Die Kaiserlich-Königliche Ambraser Sammlung, 1819 [Nachdruck 1972 mit neuen Registern], S. 33ff.

28) Matthaeus Merian d. Ä., Topographia Provinciarum Austriacarum, Fürstliche Grafschaft Tyrol, 1649, fol. 142. Zur Merian-Problematik s. a. Frenzel, op. cit., S. 76ff.

29) Keuche ist ein mittelalterliches Wort für Gefängnis. Der Name Keuchengarten hat sich bis heute weitertradiert.

3o) Der Ambraser See, welcher im 19. Jahrhundert ausgetrocknet ist, lag ungefähr dort, wo heute das Einkaufszentrum DEZ steht; Flurbezeichnungen wie „Seeuferstraße" erinnern noch daran. Die zwei Lusthäuschen im See sind bei Georg Hoefnagel, Blick auf Innsbruck und Ambras, abgebildet erstmals bei Georg Braun / Fritz Hohenberg, Civitatis orbis terrarum, 1576, veröffentlicht. Zitat über Lusthäuschen im See auch im Briefwechsel zwischen Ferdinand II. und Giovanni Lucchese, JHB AH KH XIV, Reg. 9852, vom 22. November 1565.

31) Zur neuesten Vredeman-de-Vries-Forschung siehe E. de Jong, „Nüssliche Kunstbücher der Lüsstigen Gardtnerij". Neue Dokumente zum Studium der Gärten des Hauses Habsburg am Ende des 16. Jahrhunderts, in: Irdische Paradiese. Historische Gartenarchitektur in Tirol, hrsg. vom Amt der Tiroler Landesregierung, Kulturabteilung (Kulturgüter in Tirol 2) 1997, S. 2o–22.

32) Tiroler Landesarchiv (TLA), Raitbuch 1566, fol. 349, und Frenzel, op. cit., S. 64ff.

33) Erik de Jong entdeckte die drei Gartenbücher Puechfeldners in der Österreichischen Nationalbibliothek (Codex 1o63o) und stellte als erster den Zusammenhang zwischen de Vries und Puechfeldner her.

34) Die Musterbücher Puechfeldners, die sich in der Österreichischen National-bibliothek befinden, tragen einen alten Ambraser Stempel. Da nach der ferdinandeischen Ära vermutlich keine Kunstbücherankäufe mehr getätigt worden sind, liegt nahe, daß sie alter Ambraser Bestand sind. Der Keuchen-garten wurde nach Plänen vom Architekturbüro Auböck/Karasz anläßlich der

Ausstellung „Irdische Paradiese. Historische Gartenarchitektur in Tirol" als Gartenzitat neu erstellt unter Berücksichtigung des Bestandes aus dem 19. Jahrhundert. Mit der Ausführung betraut waren die Bundesgärten Innsbruck unter der Leitung von Ing. Herbert Bacher.

[35] Klebeband „Architektur" Erzherzog Ferdinand II., KHM Wien, P 5357, fol. 31, Nr. 113, 114, 117; fol. 35, Nr. 128 und fol. 94, Nr. 425.

[36] Anna Katharina Gonzaga (1566–1621), Tochter Herzog Wilhelms von Gonzaga und der EH Eleonore, einer Schwester EH Ferdinands II.; seine Frau war gleichzeitig auch seine Nichte.

[37] Gothein, op. cit. I., S. 250.

[38] Der Garten von Pratolino wurde 1568 begonnen und 1822 teilweise zerstört. 1872 kaufte Fürst Demidoff das Areal, ließ es in einen Landschaftspark umwandeln und das verbliebene Kavaliershaus in eine Villa umbauen. Siehe M. Mosser / G. Teyssot, L'architettura dei giardini d'Occidente dal Rinascimento al Novecento, 1990, S. 55ff.

[39] Zur Problematik der Ruhelust s. a. J. Felmayer, Die Ruhelust – Ruhe in gestalteter Natur als Lebenselixier, in: Irdische Paradiese, op. cit., S. 17–19, und ÖKT, op. cit., Bd. XLVII, S. 628ff.

[40] Merian, op. cit., fol. 140.

[41] Hans Georg Ernstinger, Raysbuch 1579, hrsg. von Ph. A. F. Walther für den literarischen Verein in Stuttgart, 1877.

[42] Die Bildnisse der Kaiser, Fürsten und Herrn in Metall gegossen sind die bronzenen Brustbilder römischer Cäsaren, die in Zusammenhang mit dem Maximiliansgrab entstanden sind und heute im Antiquarium von Schloß Ambras stehen.

[43] Auch Mathäus Burglechner überliefert in seiner „Gefürsteten Grafschafft Tyrol", III. Teil, 1642, die wunderlichen Taten Ferdinands: „Wie er zu Pferd in vollem Lauf einen Hirsch aufhält", „Wie er im bergab fahren eine Kutsche bloß mit der Hand und Ergreifung der Radspeiche einsperrt", „Wie er einem Hirsch den Kopf mitsammt dem Hals in einem Hieb abhaut", veröffentlicht auch bei F. C. Zoller, Geschichte und Denkwürdigkeiten der Stadt Innsbruck, 1. Teil, 1816–25, S. 273ff.

[44] Helga Dressler schreibt in ihrer Dissertation über Alexander Colin (1973), daß die meisten Gartenplastiken bereits 1595 nicht mehr erhalten waren und im Nachlaßinventar von Erzherzog Ferdinand II. viele als zerbrochen aufscheinen.

[45] Die 4 Arten von Parterres (= Zierbeete) schrieb Antoine Joseph Dezallier d'Argenville in seinem 1709 erschienenen Buch „Theorie und Praxis der Gartenkunst" vor: 1. Parterres de broderie (Ornamente von Stickmustern entlehnt, ca. 1620–1720), 2. Parterres de compartiment (spiegelbildliche Wirkung), 3. Parterres à l'angloise (Rasenfläche kaum gegliedert, Gehwege aus Sand, kann von Blumenrabatte eingefaßt sein) und 4. Parterres de pieces coupées (meist musterartig zusammengesetzte Beete u. Rabatten, die mit Blumen od. Zierbäumchen besetzt werden), sowie das Parterre d'Orangerie (Broderie- oder Rasenparterre, vor oder neben der Orangerie, wo im Sommer die Orangenbäumchen aufgestellt werden).

[46] Besonders beliebt: Tulpen, Hyazinthen, Anemonen, Primeln, Veilchen, Nelken, Lilien, Feldthymian, Margeriten, Stiefmütterchen, Tausendschön und Federnelken.

[47] Ohne Boskett galt kein Barockgarten als gelungen, am beliebtesten war der „Bois vert" = immergrüne Boskett, denn er bereitete das ganze Jahr über Genuß. Boskette waren intime Räume, die zum Verweilen einluden.

[48] Berceaux sind Treillagen aus feinem Lattenwerk, zu architektonischen Formen gestaltet; um sie besonders luxuriös erscheinen zu lassen, wurden sie manchmal vergoldet (z. B.: Wien, Belvedere).

[49] T. O. Enge / C. F. Schröer, Gartenkunst in Europa. 1450–1800, 1994, S. 108.

[50] Als Beispiel: Beschreibung des vierten Abends: „. . . der Imbiß wurde im Wassertheater eingenommen. Auf den drei Stufen, die das Rund umgaben, waren 160 Obstbäume, 120 Körbe mit Bäckereien und Konfitüren, 400 Schüsseln Eis, 1000 Karaffen mit Likören aufgestellt. Dazu rauschten die Wasserkünste. An einer anderen Stelle des Parks war ein Theater errichtet. Es wurde gespielt, gesungen, getanzt: Die Feste des Amor und des Bacchus. Daran schloß sich eine Rundfahrt durch den nächtlichen Park mit Fackeln und Feuerwerk am Großen Kanal, und endlich wiederum zum Abschluß eine Medianoche im Marmorhof. Die Tafel war ein Wunder von Speisen, Blumen und Steinen . . ."

[51] Salomon Kleiner, Wiennerisches Welttheater. Das barocke Wien in Stichen, Bd. II/1, hrsg. und kommentiert von H. Aurenhammer unter Mitarbeit von G. Aurenhammer, 1969, zuerst erschienen als: Wunderwürdiges Kriegs- und Siegs-Lager deß unvergleichlichen Heldens unserer Zeiten oder Eigentliche Vor- und Abbildungen der Hoff- Lust- und Garten-Gebäude deß Durchlauchtigsten Fürsten und Herrn Eugenii Francisci . . . I. Teil . . . von Salomon Kleiner, Chur Maynischer Hoff Ingenieur, Augsburg 1731.

[52] Welttheater, op. cit. II/1, VIII. Teil, 4, 76: „Inneres eines Pavillons im Kleinen Garten" sowie 74: „Prospect des oberen Parterres des Kleinen Gartens mit Laubengängen und Lusthäusern".

[53] Welttheater, op. cit. II/1, VIII. Teil, 9, 81: „Prospect des Pommeranzenhauses während der Eindeckung für den Winter".

[54] K. Czok, August der Starke und seine Zeit, 1989, sowie: Von denen schönen Gärten. Barocke Gartenkunst in Polen und Sachsen. 1697–1763, Katalog Doppelausstellung Warschau-Großsedlitz 1997.

[55] Joseph Furttenbach d. Ä. preist in seiner „Architectura recreationis" 1640 Weiher als „fischgrüblin" als angenehmen „Ort der Recreation".

[56] Die Malereien im Inneren des Pavillons sind von unterschiedlicher Qualität und teilweise übermalt worden: Der duftig gehaltenen Mittelfigur sind plump wirkende Engelsfiguren in dunklen Farbtönen gegenübergestellt, die eine Zuschreibung (in der Art des Kaspar Waldmann?) erschweren.

[57] Zur Baugeschichte des Stiftssaales s. a. Frenzel, op. cit., S. 205ff. Laut Auskunft des heutigen Besitzers bestanden Orangerie wie chinesisches Gartenhaus bis in die 20er Jahre unseres Jahrhunderts.

[58] „Khurze lebens beschreibung der hoch und wohll geborenen frawen frau Ursula Gräffin zu Spaur, frauen obristin des khüniglichen Stifts zu Hall in Ynnthal." Darin schreibt sie, daß zwei Kapellen notwendig waren, eine am Eingang des Gartens für diejenigen, die nicht so weit gehen konnten, und eine andere weiter entfernt (wurden 1670 im Erdbebenjahr errichtet).

[59] Die erste Umbauphase der Hofburg war 1755/56, dann kam eine Unterbrechung durch den 7jährigen Krieg; daran schloß 1763/65 die zweite Phase an. Die endgültige Fertigstellung erfolgte in den 70er Jahren des 18. Jahrhunderts.

[60] Plan von der Situation des Yn-Strohms, 1763 von Anton Rangger, TLA, KPA, Nr. 154/1. Der Mittelpavillon ist identisch mit dem heutigen Musikpavillon, der 1733 als „kayserliches Sommerhaus" errichtet wurde. Bereits im 16. Jahrhundert gab es ein „mittleres Sommerhaus".

[61] Siehe Pachtvertrag vom 5. August 1836.

[62] TLA, KPA Nr. 2816. Plan von Innsbruck, aquarellierte Tuschfederzeichnung, 1776.

[63] Der erste Plan zur Umgestaltung des Hofgartens stammte von Friedrich Ludwig v. Sckell 1810, die teilweise Adaptierung zu einem Landschaftspark erfolgte vor 1839, die Fertigstellung 1857/58 (siehe S. 56ff). Ambras wurde 1855/58 umgewandelt (siehe S. 50ff) und der Schloßpark von Matzen 1885/90 angelegt (siehe S. 104ff).

[64] Die Ideen zum Landschaftsgarten entstanden im Umkreis von London durch eine Gruppe oppositioneller Adeliger, Dichter und Politiker. Der Garten gewann als „symbolischer Ort" einen neuen aktuellen Sinn.

[65] A. v. Buttlar, Der Landschaftsgarten. Gartenkunst des Klassizismus und der Romantik, 1989. Shaftesbury begründete die lang anhaltende Kritik am

Barockgarten, indem er sagte: „Fürstliche Laune hat all das erfunden und höfische Sklaverei und Abhängigkeit hält es am Leben".

[66] William Chambers, Designs of Chinese buildings, 1757.

[67] Weitere Beispiele der exotischen Modeerscheinung: Chinesische Pavillons in Potsdam, 1743; Orientalisches Gartenhaus in Veitshöchheim, 1763; Moschee im Türkischen Garten von Schwetzingen, 1780; Royal Pavilion in Brighton, 1787; Chinesischer Turm im Englischen Garten, München, 1790.

[68] Hirschfelds Werk fand weithin Anerkennung und nahm in der Gartenliteratur den ersten Platz ein. Er sprach sich auch gegen geometrische Gärten aus und meinte, der Garten soll „eine Landschaft im Kleinen sein" – es finden sich in seinen Werken Entwürfe für Grotten, Einsiedeleien, Gartenhäuser, Pavillons, Ruinen usw., mit Zeichnungen versehen und zur Nachahmung empfohlen. Ein früher „Gebrauchskatalog" für Gartenarchitektur!

[69] Lancelot Brown wurde Kents Nachfolger, er hat ca. 150 Anlagen zum Teil verändert, zum Teil neu geschaffen! Typisch für ihn waren „Clumps", das sind geschlossene Gehölzgruppen auf freien Rasenflächen, geschlängelte Wasserläufe und gebuchtete Seeufer.

[70] Zit aus: Wengel, op. cit., S. 219.

[71] Friedrich Ludwig von Sckell, Vorläufige Skizze zu einer neuen natürlichen Garten-Anlage, bei der Königlichen Residenz in Innsbruck, 1810, Bayerische Verwaltung der staatlichen Schlösser, Gärten u. Seen, München, Schloß Nymphenburg, Pläne der Gartenabt., SV C 30/12 Österreich.

[72] A. M. Engl, Plan von Innsbruck, 1818, farbige Federzeichnung, TLA, KPA 529/6.

[73] Plan des k. k. Hofgartens in Innsbruck, wie derselbe im Jahre 1857 und 1858 angelegt wurde, Bundesgärten Innsbruck, Plan A 17.

[74] Andeutungen über Landschaftsgärtnerei, verbunden mit der Beschreibung ihrer praktischen Anwendung in Muskau vom Fürsten von Pückler-Muskau, 1834 [Nachdruck 1977].

[75] Bevor der Fürst sein Gut und seine Herrschaft Muskau verkaufte, machte er noch einen verzweifelten Versuch, durch eine neue Heirat, mit Wissen seiner Frau, zu Geld zu kommen. Doch scheiterte er an der „Unflexibilität der in Frage kommenden englischen Großgrundbesitzerstöchter". Semper beriet den Fürsten beim Umbau des Gutsschlosses von Branitz. Die Entwürfe für die Laubengänge des Blumengartens stammen ebenfalls von ihm.

[76] Über Biedermeiergärten s. a. C. Riedl-Dorn, Botanik und Gartenkunst im Wiener Vormärz, in: Bürgersinn und Aufbegehren, Katalog Wien 1988, sowie G. Hajós, Romantische Gärten der Aufklärung. Englische Landschaftskultur des 18. Jahrhunderts in und um Wien, Wien 1989.

[77] Einer alten Familientradition zufolge mußten die jungen Habsburger ein Handwerk erlernen.

[78] A. Winkler, Ein Apothekergarten im Biedermeier, in: Irdische Paradiese, op. cit., S. 45.

[79] H. Schönemann, Charlottenhof: Schinkel, Lenné und der Kronprinz, in: Potsdamer Schlösser und Gärten. Bau- und Gartenkunst vom 17. bis zum 20. Jahrhundert, Katalog 1993, S. 173. Im Sizilianischen Garten legte man ein Rasenparterre an, dessen Ränder mit bunten Sommerblumen verziert wurden. Im Nordischen Garten pflanzte man immergrüne Nadel- und Laubgehölze. Park und Garten heben sich deutlich voneinander ab.

[80] S. a. A. Auer, Der Keuchengarten auf Schloß Ambras, in: Irdische Paradiese, op. cit., S. 23f, und S. 51ff.

[81] Der „Situationsplan von Ambras" von 1851, bez. Oberhosp, zeigt den Keuchengarten vor seiner Umgestaltung (A 64). „Situationsplan von Schloß Ambras" von Heinrich Förster, 1858 (A 71).

[82] Viele berühmte Persönlichkeiten der Zeit verkehrten in Lipperheide (siehe S. 104ff).

[83] Der Skulpturenpark von Schloß Ambras ist ein positives Beispiel zur Belebung des Landschaftsparks. Neben dem 1997 entstandenen „Renaissance-Zitat" im Keuchengarten stellt er die gelungene Synthese zwischen Historie und Gegenwart dar.

DIE BEDEUTENDSTEN GARTENANLAGEN TIROLS, GEPRÄGT DURCH LANDESFÜRSTEN UND STATTHALTER: SCHLOSS AMBRAS UND DER HOFGARTEN

Ambras:
Landesfürstliche Repräsentation eines
großen Gartenmäzens

Der Hofgarten:
Renaissanceanlage – Barockgarten – Landschaftspark

Der Hofgarten zu Lienz

Matthaeus Merian d. Ä., Topographia Provinciarum Austriacarum, 1649, fol. 142 „Das Ertz-Herzogliche Lust Schloss Ombras oder Umbras bey Inspruck"

Ambras: Landesfürstliche Repräsentation eines großen Gartenmäzens

Erzherzog Ferdinand II. ließ ab 1567 parallel zum Hofgarten die Gärten von Ambras anlegen und gestalten. Aus dem 16. Jahrhundert hat sich keine Abbildung dieser Anlagen erhalten, wohl aber eine detaillierte Beschreibung des Stephanus Venandus Pighius aus dem Jahre 1574[1]. Ambras wird als bedeutender Renaissancehof geschildert, der er für kurze Zeit auch war: Zwischen 1567, der tatsächlichen Ankunft Ferdinands II. in Tirol, und 1580, dem Todesjahr der Philippine Welser, war das Schloß das höfische Zentrum des Landes. Die früheste Abbildung des „Keuchengartens"[2] überliefert Matthaeus Merian 1649[3], indem er das Schloß von der Südseite darstellt mit der Szenerie eines blühenden Hoflebens. Dieses war aber spätestens mit dem Tod Erzherzog Ferdinands II. 1595 erloschen; Merian, der selbst nie in Innsbruck weilte, hält somit eine an Vorlagen orientierte Utopie aufrecht, denn bereits 1610 bezeichnet eine Quelle Ambras, „als ungesunden Ort mit vielen stinkenden khotlacken"[4].

Die Darstellung Merians spiegelt also das blühende Hofleben des 16. Jahrhunderts wider: topographisch stimmen Darstellung und örtliche Gegebenheit weitestgehend überein. Der Keuchengarten wird im Norden durch den Spanischen Saal, im Westen durch das Ballspielhaus, im Osten durch den Wildpark und im Süden durch den Felsenkeller mit Bacchusgrotte begrenzt. Nicht mehr erhalten sind das Ballspielhaus (bis 1880), der zentrale Mittelpavillon, der Felsenkeller sowie das mit Lit. C bezeichnete „Sommerhaus". Letzteres entspricht jener von Pighius geschilderten „Rotunda, in deren Mitte ein runder Tisch aus Ahorn steht; unter diesem sind Räder angebracht, die vom Wasser betrieben werden und mittelst welcher man den Tisch samt den Gästen bald sachte, bald rasch herumdrehen, allenfalls die Leute schwindlig machen kann"[5]. Zudem wurden die Besucher Ferdinands noch mit Wasser besspritzt – in Ambras gab es also bereits 1574 Wasserscherze, im Salzburger Hellbrunn erst um 1612.

Francesco Terzio, Wenzel Jamnitzer, „Prunwerch", Brunnenentwurf für Erzherzog Ferdinand II., um 1570

Schloß Ambras, Keuchengarten, Zustand vor 1997

Hans Puechfeldner, Musterbuch, Entwurf für einen Berceaux-Garten, 1591

Schloß Ambras, Keuchengarten, Bacchusgrotte

Schloß Ambras, Keuchengarten, Bacchusgrotte, Inneres

Zu den weiteren Lustbarkeiten der Ambraser Gärten zählten bewachsene Lauben, Volieren, Teiche, die Bacchusgrotte, eine Fasanerie, der Wildpark, ein künstlich angelegter Wasserfall, zahlreiche Springbrunnen sowie der am Fuße des Schloßbergs gelegene Ambraser See, dessen Ufer gärtnerisch gestaltet waren. Terrakottafiguren von Alexander Colin schmückten die Anlage genauso wie zwei Lusthäuschen auf kleinen Inseln, welche mittels Boot erreichbar waren. Südländische Früchte, wie Orangen-, Zitronen-, Feigen- und Aprikosenbäume, bereicherten die Gärten und auch die höfische Tafel.

Bei der Anlage der Ambraser Gärten waren, gleich wie beim Hofgarten, niederländische wie auch italienische Einflüsse maßgebend: Die gartentheoretischen Werke von Hans Vredeman de Vries und Hans Puechfeldner waren dem Erzherzog ebenso vertraut wie italienische Renaissancegärten, die er auf zwei Reisen an italienische Fürstenhöfe kennenlernte. Sein langjähriger Aufenthalt in Prag, wo er die Gartenschöpfungen seines Vaters Ferdinand I. auf dem Hradschin fortsetzte, machten ihn, schon bevor er nach Tirol kam, zu einem Verfechter der neuen Gartenideen der Renaissance (s. S. 25ff).

Nach Ferdinands Tod 1595 gerieten die Ambraser Gärten in Vergessenheit; seiner glänzenden Bedeutung als Aufenthaltsort des Hofes beraubt, wandelte man den Keuchengarten in einen Obstanger um und verpachtete ihn.

Erst im 19. Jahrhundert begann eine zweite wichtige Phase für Ambras und seine Gärten: Unter Erzherzog Karl Ludwig, welcher das Schloß zu Wohnzwecken adaptieren ließ, erlebten Park und Keuchengarten eine umfassende Neugestaltung: Im Sinne eines englischen Landschaftsgartens wurde der Park durch geschwungene Wege verändert, natürliche Baumgruppen gepflanzt und der Keuchengarten mit einem eigens für Karl Ludwig errichteten Schwimmbecken versehen. Der Plan von Heinrich Förster von 1858 zeigt die Neuerungen deutlich[6].

Dieser vom Erzherzog Karl Ludwig nie benützte Garten – er wurde als Statthalter abberufen, bevor er in das umgebaute Schloß hätte einziehen können – war aus denkmalpflegerischer Sicht Anlaß, daß bei der 1997 durchgeführten Änderung der Anlage[7] nicht der gesamte Keuchengarten, sondern nur ein Teil desselben im Stil der Renaissance umgestaltet werden konnte. Die in den 7oer Jahren

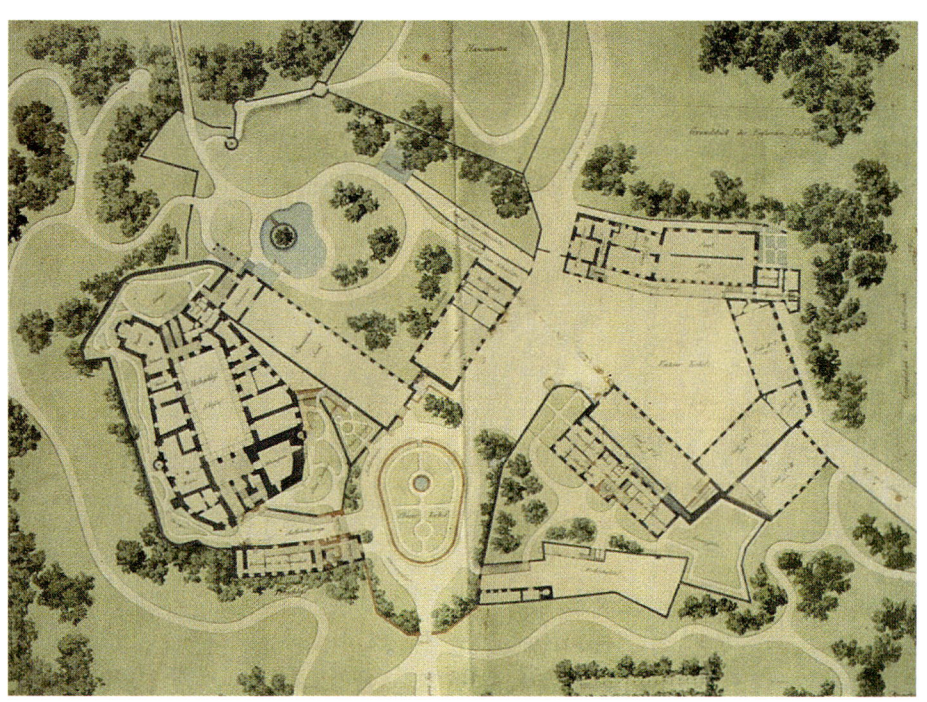

*Schloß Ambras, Keuchengarten,
von Erzherzog Karl Ludwig angelegtes
Schwimmbecken*

*Heinrich Förster, Situationsplan von
Ambras, 1858, nach der Umwandlung in
einen Landschaftspark*

*Schloß Ambras, Keuchengarten,
„Renaissance-Zitat" 1997*

*Schloß Ambras, Keuchengarten,
Gartenhaus*

unseres Jahrhunderts geschaffene Gestaltung, ohne historischen Bezug, wurde zugunsten einer, an einer Vorlage von Hans Puechfeldner orientierten Neuschöpfung von den Bundesgärten verwirklicht und zeigt nun die für die Renaissance typische Vermischung zwischen Zier- und Nutzgarten. Von einer Hainbuchenhecke eingefaßt, befinden sich in diesem „Gartenzitat" verschiedene Kräuter, Zierblumen und Stauden in formal bepflanzten Hochbeeten mit jeweils ausgeprägten Mittel- und Eckpunkten (Lorbeerkugeln und Zitronenbäume). Gegen den Spanischen Saal hin wurde eine Baumreihe von Zieräpfeln gepflanzt und schon vorhandene Topiarien (Buchskugeln und Eibenkegel) wurden in die Gestaltung mit einbezogen. So werden die zwei verschiedenen Epochen des Ambraser Keuchengartens in der Neugestaltung deutlich: das der Renaissance verpflichtete Gartenzitat nach Vorlagen von Hans Puechfeldner, dessen Musterbücher sich in Erzherzog Ferdinands II. Bibliothek befanden, sowie die Gestaltung des 19. Jahrhunderts in Form des nierenförmig geschwungenen Schwimmbeckens von Erzherzog Karl Ludwig.[8]

Der Hofgarten:
Renaissanceanlage – Barockgarten – Landschaftspark

Francesco Terzio(?),
Erzherzog Ferdinand II., nach 1557

li. Seite: Hofgarten, Kunstpavillon
(= Unteres Sommerhaus)

Der Hofgarten von Innsbruck steht in engem Zusammenhang mit der Hofburg und der Bedeutung Innsbrucks als kaiserlich-habsburgische Residenzstadt. So haben die wichtigsten Epochen ihre Spuren hinterlassen; der heutige Landschaftspark, welcher sich in einer Ausdehnung von 9,5 ha östlich des Rennweges erstreckt, entspricht nur noch einem Drittel der ehemaligen Anlage. Die Anfänge gehen ins 15. Jahrhundert zurück, als 1420 die Residenz von Meran nach Innsbruck verlegt worden war und Herzog Friedrich IV. (= Friedl mit der leeren Tasche) erste Grundankäufe tätigte. Dabei handelte es sich vorerst um einen reinen Nutzgarten, der auch noch zu Zeiten von Kaiser Maximilian I. bestand.

Die Umwandlung in eine standesgemäße höfische Gartenanlage begann im 16. Jahrhundert, als Ferdinand I. das Areal erweitern und zum angenehmen Aufenthaltsort für seine Familie adaptieren ließ. Die eigentliche Glanzzeit des Hofgartens begann mit der Regentschaft Erzherzog Ferdinands II. 1564 in Tirol. Bei der Hofburg entstand zwischen 1562 und 1582 die Renaissance-Gartenanlage „Ruhelust"[9], die Ferdinand und seiner zweiten Gemahlin Anna Katharina Gonzaga ab 1582 als Aufenthaltsort diente.

Die früheste Abbildung ist auch hier von Matthaeus Merian d. Ä. überliefert (1649)[10] und zeigt in Übereinstimmung mit anderen Beschreibungen sechs Lustgärten, die sich aufteilten in: 1. „Rennplatzgarten" oder „Erzherzogs Lustgarten", 2. „Erzherzogin Lustgarten", 3. „Kammergarten", 4. „Großer Hofgarten", 5. „Garten des Ballspielplatzes" und 6. „Fasanengarten". Diese Gärten waren nach italienischem Vorbild angelegt worden und mit Lusthäusern, Weihern, laubenbewachsenen Pergolen und Gängen, Terrakottafiguren, einem „gwölb" (= Orangerie), einem Irrgarten sowie verschiedensten Brunnenanlagen verziert.

Der starke Bezug Ferdinands zur Antike macht sich auch in einem anspruchsvollen Gartenprogramm bemerkbar, sei es in der thematischen Auswahl der Gartenplastiken – antike Götterstatuen, Büsten römischer Cäsaren und Herkulesdarstellungen – oder in der Übernahme von Gartenreminiszenzen, die direkt an die Antike

Hans Vredeman de Vries, Entwurf für
einen Garten im korinthischen Stil, 1583

anknüpften, wie Lauben, Grotten und Pergolen, die in ähnlicher Weise schon bei den Römern vorkamen und durch Plinius d. J. tradiert zum Allgemeingut der Renaissance wurden. Die Pracht der ferdinandeischen Gärten wird in verschiedenen zeitgenössischen Reiseberichten geschildert: Hans Ernstinger, 1579, wie auch Philipp Hainhofer, 1628, bezeichnen die Innsbrucker Hofgärten Erzherzog Ferdinands II. als besonders prunkvoll.

Ein Brand beschädigte 1636 diese Gartenanlage schwer und zerstörte das Gartenschloß[11]. Bereits damals schenkten die Landesfürsten dem Garten nur mehr wenig Aufmerksamkeit. Auf Befehl von Erzherzog Ferdinand Karl wurde 1661 die gesamte Anlage – mit Ausnahme des Blumengartens (= Kammergarten) – in Grasfläche umgewandelt und mit Obstbäumen versehen, deren Erlös dem Hoffuttermeister zugute kam[12]. Die Infrastrukturen wie Gartenhäuser, Brunnenanlagen, Gänge und Teiche wurden zwar beibehalten, der Hofgarten selbst aber seines Glanzes beraubt, was durch die Auflösung des landesfürstlichen Hofes in Innsbruck 1665 noch beschleunigt wurde. Den nun nachfolgenden Gouverneuren wies man den Kammergarten zu – die Gartenrepräsentation, welche hohe Kosten verursachte, wurde nicht mehr in vollem Maße benötigt.

Erst in der Spätzeit des Barocks erlebte der Hofgarten eine neue Blüte: Für die kaiserliche Familie um Maria Theresia, welche auch die barocke Adaptierung der Hofburg in die Wege leitete, bedurfte es eines neuen, repräsentativeren Rahmens. Ab 1763

Jakob Trieth, Plan des Innsbrucker Hofgartens,
1793, Zustand zur Zeit des Barock

entstand eine barocke Gartenanlage mit Zierbeeten, großen, zu Rondellen erweiterten Plätzen mit strenger achsialer Ausrichtung, kleinen Fontänen und Parterreformen „à l'anglaise". Bei der Hochzeit ihres Sohnes Leopold II. mit Maria Ludovica von Spanien 1765 in Innsbruck gab die barocke Gartenanlage den repräsentativen höfischen Rahmen für die kaiserliche Gesellschaft. Ein Plan von Mathias Perathoner von 1776 zeigt die barocke Umgestaltung deutlich.[13] So wurde zu diesem Zeitpunkt die bronzene Reiterstatue von Erzherzog Leopold V. als „point de vue", als optischer Mittelpunkt eines großen Rondells, aufgestellt, um dann wenig später vor dem Hofopernhaus ihren Ehrenplatz zu finden[14].

Der Hofgärtner Jakob Trieth wurde angehalten, nur „distinguierten und ehrbaren Personen" den Eintritt in den Großen Hofgarten zu gewähren (der Kammer- bzw. Gouverneursgarten blieb weiterhin geschlossen), auch mußte er Obsorge tragen für „22 Orangenbäumchen in Kübeln und 45 Zitronenbäumchen". Der Plan von Jakob Trieth[15] von 1793 zeigt die achsiale Anlage wie auch ornamentale Beetformationen deutlich.

Erzherzogin Elisabeth, Tochter Maria Theresias und Äbtissin des Innsbrucker Damenstiftes von 1780 bis 1805, veränderte den Gouverneursgarten: Durch den Bau einer Sennerei, eines

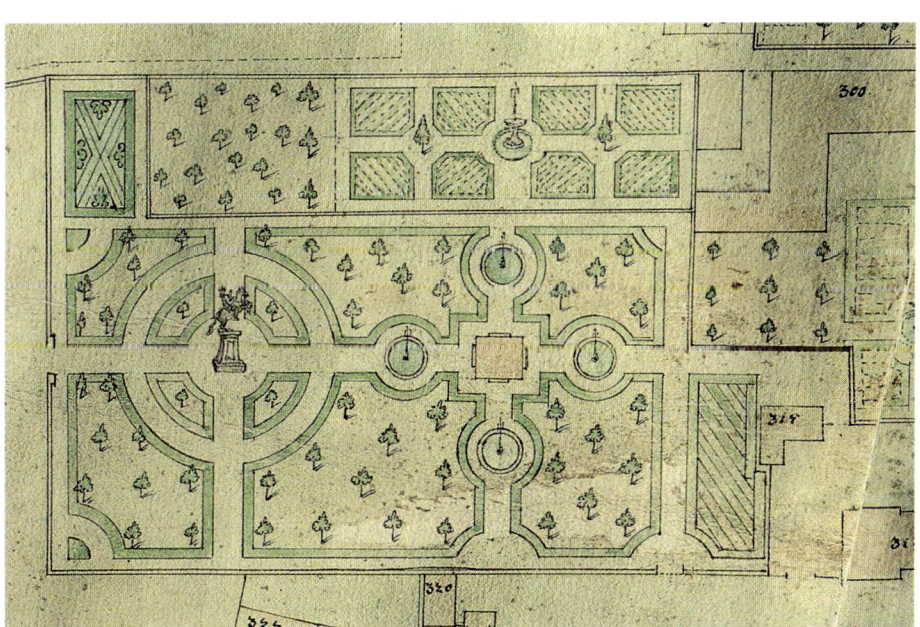

Mathias Perathoner, Plan von Innsbruck, Ausschnitt: Hofgarten, Rondell mit Reiterstandbild Erzherzog Leopolds V., 1776

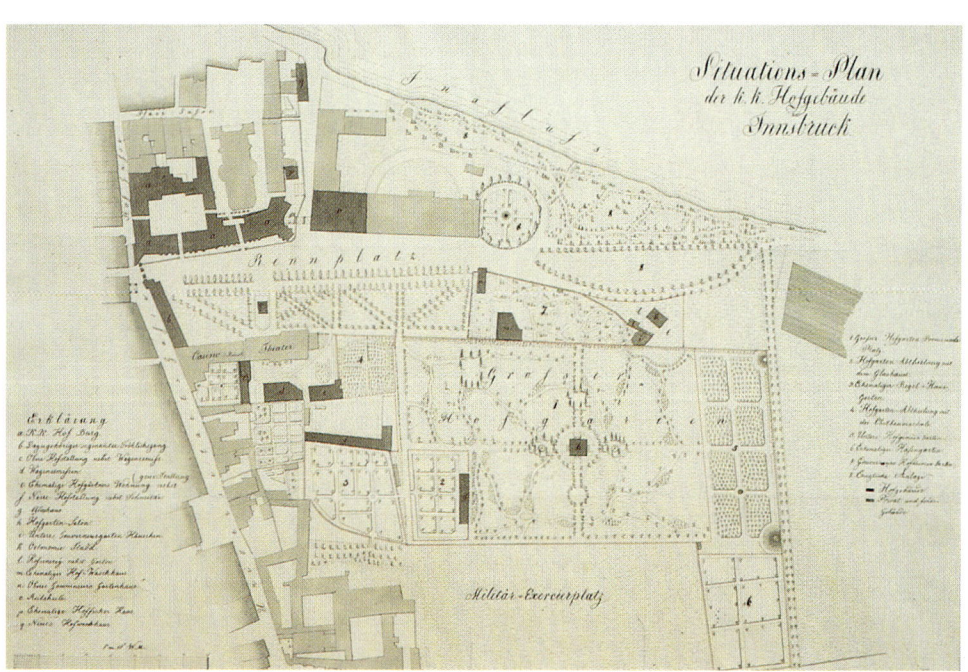

Ansicht des Gouverneursgartens unter
Erzherzogin Elisabeth, Äbtissin
des Damenstiftes Innsbruck,
Ende 18. Jahrhundert

Anton Dossi, Situationsplan der k. k.
Hofgebäude zu Innsbruck, 1839

Porträt Friedrich Ludwig von Sckells, 1825

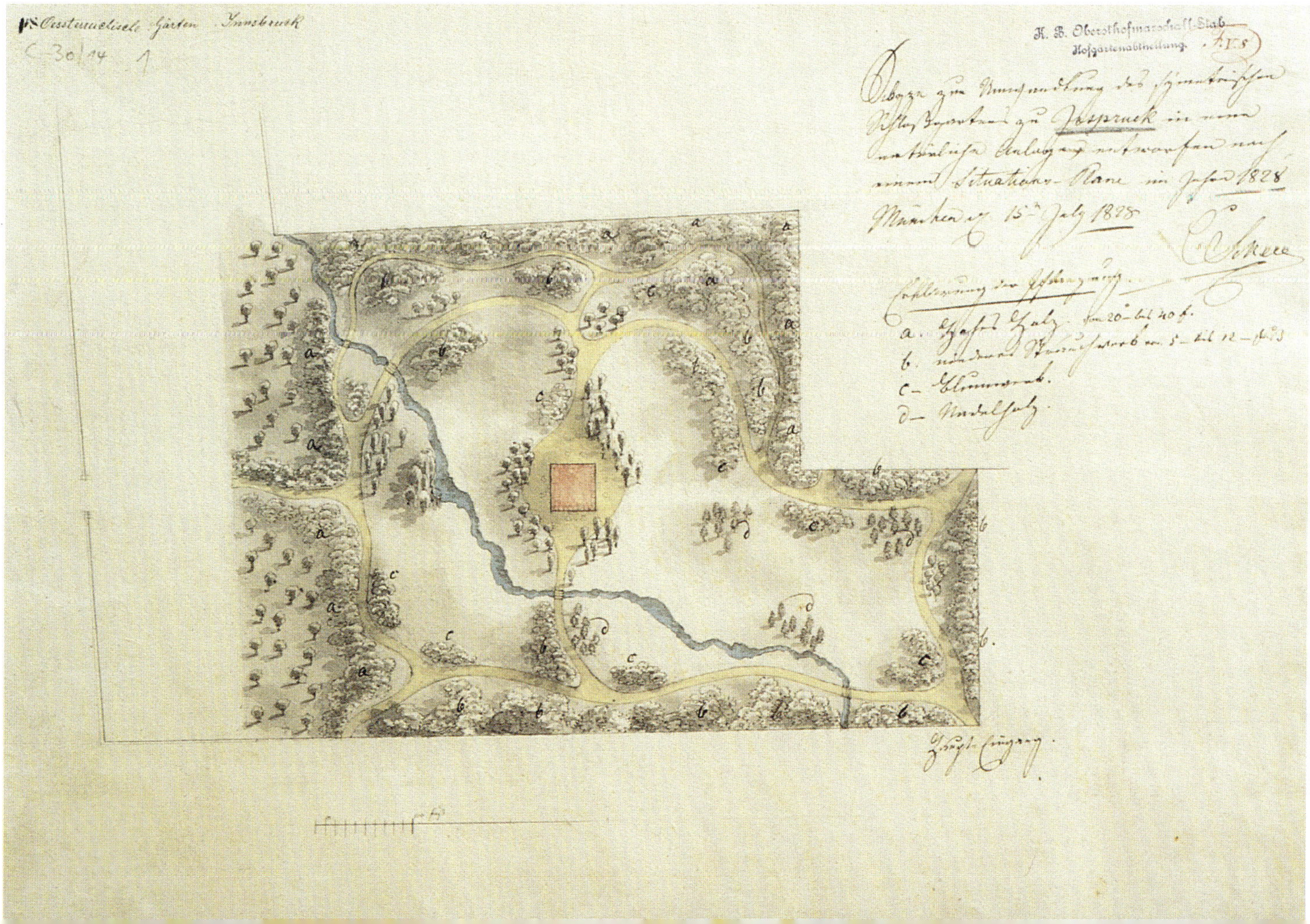

Carl August von Sckell, Plan des Innsbrucker Hofgartens, 1828, Situation um den Mittelpavillon

Mayrstalles und eines neuen Sommerhauses sowie der Haltung von Kühen, Schafen und Hühnern gab sie dem Garten eine ländlich-idyllische Note und schloß sich dabei an das neue, von Frankreich ausgehende Naturgefühl Rousseaus an. Ein Aquarell aus der Nationalbibliothek [16] zeigt dieses heitere, neue Lebensgefühl, welches sich entschieden gegen die oftmals theatralischen Formalgärten des Barocks wandte und einem neuen Naturempfinden huldigte.

Während der bayrischen Besatzungszeit beauftragte Kronprinz Ludwig seinen Gartenintendanten Friedrich Ludwig von Sckell 1810 mit der Umgestaltung des Innsbrucker Hofgartens [17].

Vermutlich kam der Plan für das Verständnis der Menschen etwas verfrüht, oder es fehlte am Geld, um diese Neuerungen ausführen zu können; es dauerte noch Jahre, bis eine Annäherung an den englischen Landschaftspark erfolgte (s. S. 40).

Ein 1828 vom Neffen Sckells, Carl August, verfaßter Plan „Zur Umwandlung des symmetrischen Schloßgartens zu Innsbruck in eine natürliche Anlage" [18] zeigt die Situation rund um den Musikpavillon, aufgelöst in geschwungene Wege und unterschiedliche Baumgruppierungen. Dieser Vorschlag scheint letztlich am Plan von 1857/58 [19] in weiterhin leicht abgewandelter Form auf, sodaß Carl

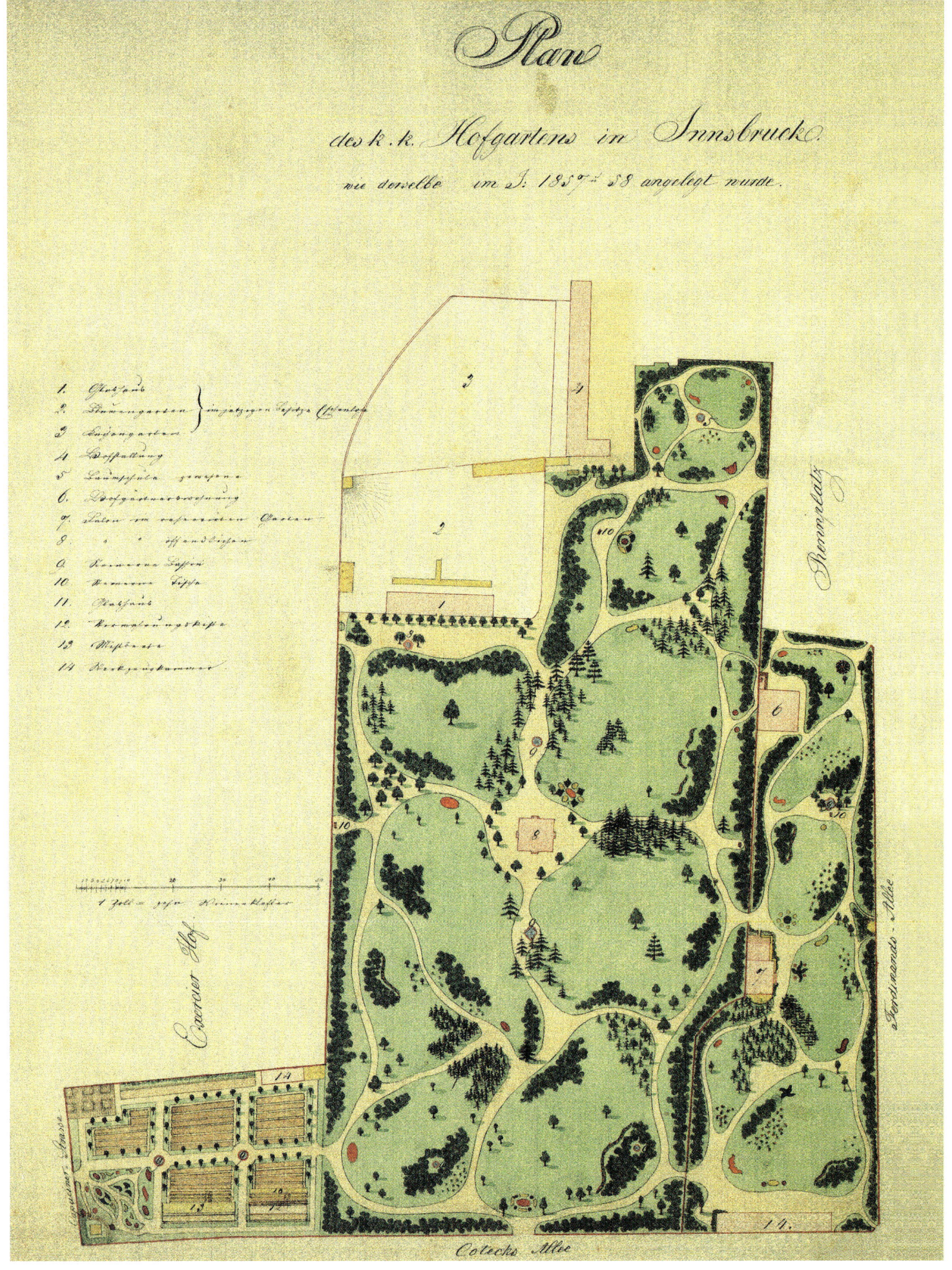

Redoutensaal und Landestheater mit Gartenanlagen, 1892

Landestheater mit Reiterstandbild Erzherzog Leopolds V., 2. Hälfte 19. Jahrhundert

li. Seite: Plan des k. k. Hofgartens zu Innsbruck, 1857/58. Der englische Landschaftspark ist de facto vollzogen.

August von Sckell als der geistige Urheber des englischen Land-schaftsparks im Innsbrucker Hofgarten angesehen werden kann. Der heutige Hofgarten, der seit seiner Umgestaltung in einen Landschaftspark 1858 einiges von seinem ursprünglichen Erschei-nungsbild verloren hat, wird in den nächsten Jahren, analog zum Parkpflegewerk, welches 1996 vom BDA in Auftrag gegeben worden ist, wieder weitgehend seinem Originalzustand von 1858 angenähert werden[20]. Modetrends der 6oer und 7oer Jahre, wie die Anpflanzung zahlreicher Koniferen, sollen zugunsten eines ruhigeren Gesamteindrucks reduziert werden.

Die noch vorhandenen Gartenhäuser, wie Musik- und Kunstpavillon, haben eine lange Geschichte: Namentlich mit dem „Lusthaus bei den Teichen" und dem unteren Sommerhaus des 16. Jahrhunderts identisch, wurden sie den jeweiligen Modetrends entsprechend umgestaltet. So geht der Musikpavillon auf das 1733 „neu errich-tete kaiserliche Sommerhaus" zurück, während der Vorgängerbau des Kunstpavillons unter Erzherzogin Elisabeth ein neues Aussehen bekommen hat. Das obere Sommerhaus, ein Nachfolgebau der abgebrannten „Ruhelust" und der „Neuen Sommerresidenz", wurde 1842 im Zuge des Rennweg-Straßenbaus geschleift.

Hofgarten, Blick in den Landschaftsgarten

Barockes Eingangstor in den Hofgarten

li. Seite: Musikpavillon (= ehem. kaiser-liches Sommerhaus) im Großen Hofgarten

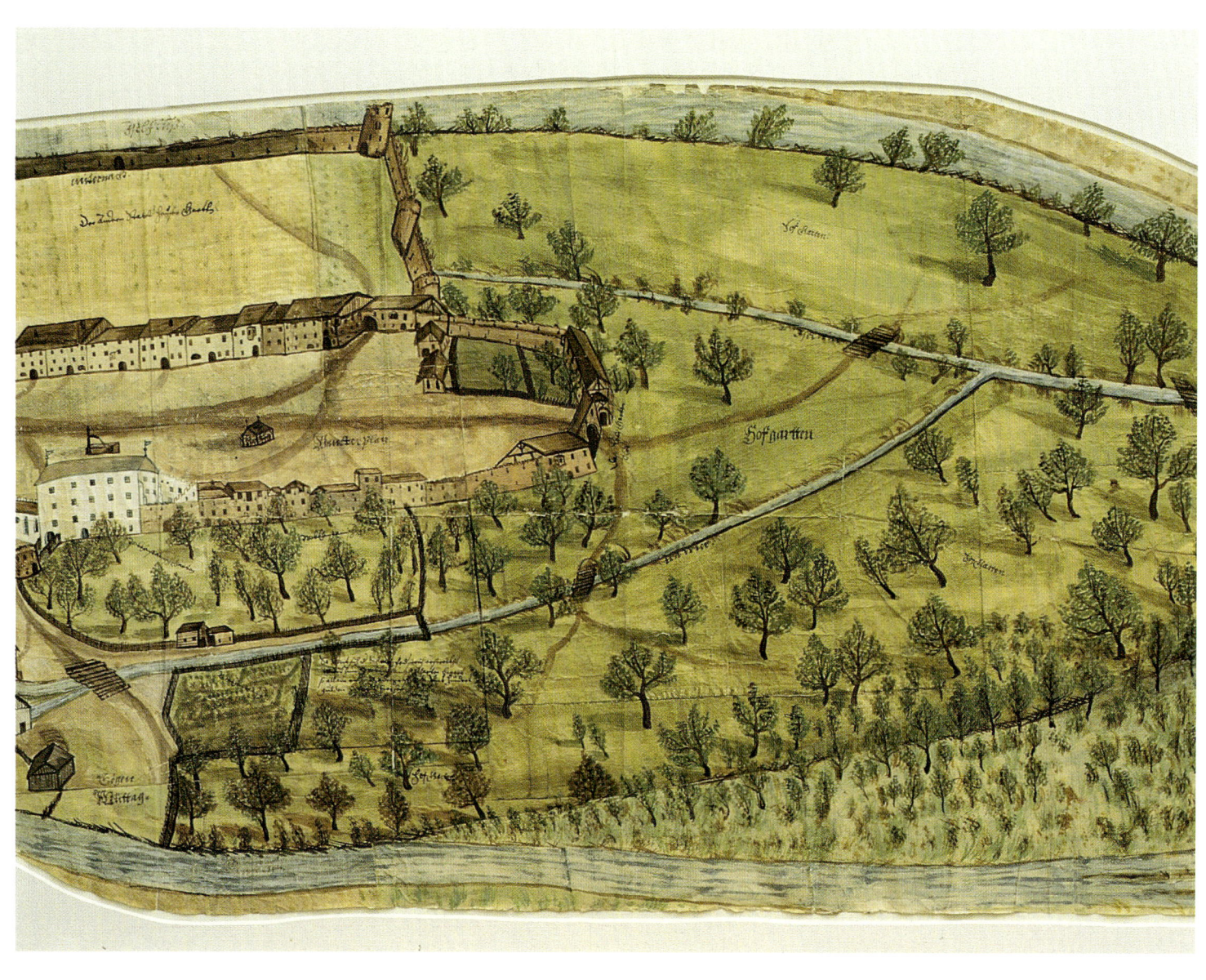

Hofgarten zu Lienz, aquarellierter Plan, 1608

Der Hofgarten zu Lienz

Die früheste Erwähnung des Lienzer Hofgartens findet man im 14. Jahrhundert unter den Grafen von Görz. Mit dem Aussterben dieser Linie im Jahre 1500 kam der Hofgarten an Kaiser Maximilian I. Zur Zeit dieses Besitzers hatte der Name „Hofgarten", als dem Hofe zugehörig, zu Recht bestanden. Er wurde dann, auch unter anderen Besitzverhältnissen, weitertradiert, ohne einen wirklichen Bezug zum Hof mehr zu haben.

Die auf Maximilian folgenden Besitzer waren die Grafen Wolkenstein-Rodenegg und seit 1653 das Haller Damenstift. Mit der Auflösung des Damenstiftes 1783 wurde der Garten versteigert und gelangte 1796 in den Besitz der Familie Oberhuber, der er heute noch gehört.

Der großformatige, aquarellierte Plan des Lienzer Hofgartens von 1608 wurde unter Erzherzog Maximilian III., dem Deutschmeister, erstellt. Er zeigt einen Baumgarten, zwischen Isel und Drau gelegen.[21] Vergleicht man diesen Plan des 17. Jahrhunderts mit der heutigen Situation, so fällt auf, daß der annähernd dreieckige Garten zwar entlang der Drau verläuft, jedoch am Zusammenfluß der beiden Gewässer von Straßen bzw. dem Bahnhofsareal unterbrochen wird. Demnach besteht der Garten längst nicht mehr in seiner ursprünglichen Größe.

Hofgarten zu Lienz, heute

[1] Zit. aus Alois Primisser, Die kaiserlich-königliche Ambraser Sammlung, 1819 [Nachdruck 1972 mit neuen Registern], S. 33ff.

[2] Keuche = Gefängnis.

[3] Matthaeus Merian d. Ä., Topographia Provinciarum Austriacarum, Fürstliche Grafschaft Tyrol, 1649, fol. 142. Zur Merian-Problematik s. a. M. Frenzel, Historische Gartenanlagen und Gartenpavillons in Tirol, phil. Diss. 1978, S. 75ff.

[4] Hyppolit Guarinoni, Über die Greuel der Verwüstungen des menschlichen Geschlechts, Ingolstadt 1610.

[5] Primisser, op. cit., S. 35.

[6] Plan von Heinrich Förster, kolorierte Zeichnung, 1858, KHM, Sammlungen Schloß Ambras, A 71.

[7] Plan zur Realisierung des Renaissancegartens vom Architekturbüro Auböck/Karasz, Wien, Durchführung Bundesgärten Innsbruck, Ing. Herbert Bacher. Die Inspiration zur Neugestaltung stammt aus den Musterbüchern von Hans Puechfeldner, die Erzherzog Ferdinand II. bekannt waren.

[8] M. Frenzel, Ambras, in: Österreichische Gesellschaft für historische Gärten (Hrsg.), Historische Gärten in Österreich. Vergessene Gesamtkunstwerke, 1993, S. 188ff. – E. Scheicher, Schloß Ambras, Park, in: Österreichische Kunsttopographie (ÖKT), Bd. XLVII, Die Kunstdenkmäler der Stadt Innsbruck. Die Hofbauten, 1986, S. 607ff. – A. Auer, Der Keuchengarten auf Schloß Ambras, in: Irdische Paradiese. Historische Gartenarchitektur in Tirol, hrsg. vom Amt der Tiroler Landesregierung, Kulturabteilung (Kulturgüter in Tirol 2) 1997, S. 23f.

[9] Die Bezeichnung „Ruhelust" bezog sich auf den hölzernen Sommerpalast wie auch auf die Gartenanlagen.

[10] Merian, op. cit., fol. 141.

[11] Neben dem Schloß „Ruhelust" brannte auch das „Löwenhaus" ab; zwei Löwen fanden den Tod. Schloß „Ruhelust" wurde als „Neue Sommerresidenz" wieder aufgebaut und fiel 1728 wiederum einem Brand zum Opfer (s. a. M. J. Mildorffer, Brand der neuen Sommerresidenz 1728, Abb. S. 59).

[12] Der landesfürstliche Hof zog das neue Medium Oper der Gartenkultur vor und verwendete dafür enorme Summen.

[13] M. Perathoner, 1776, aquarellierte Tuschfederzeichnung, Tiroler Landesarchiv (TLA), Karten- und Planarchiv (KPA) Nr. 2816.

[14] Das Reiterstandbild Leopolds V. wurde bereits im 17. Jahrhundert getrennt von den anderen Figuren im Hofgarten aufgestellt, 1703 unter Max Emanuel kurzfristig nach München gebracht und 1705, retour nach Innsbruck, im Innenhof der Neuen Sommerresidenz plaziert, dann im Barock-Hofgarten im rückwärtigen großen Rondell situiert. Anfang des 19. Jahrhunderts kamen die Figuren in die Hofburg. Andreas Hofer wollte sie einschmelzen lassen. Leopold wurde 1826 allein auf einem Sockel vor dem Hoftheater aufgestellt, die übrigen Figuren kamen nach Schloß Ambras. Der Plan J. Deiningers zur Neuaufstellung in Ambras wurde nicht ausgeführt. 1893 Errichtung des heutigen Denkmals vor den ehemaligen Redoutensälen (heute Stadtcafé).

[15] Jakob Trieth, Plan des Innsbrucker Hofgartens, 1793, TLA, KPA Nr. 529/1.

[16] Gouverneursgarten, Ende 18. Jahrhundert, Österreichische Nationalbibliothek, F KB VUES, Innsbruck 8.

[17] Friedrich Ludwig von Sckell, Vorläufige Skizze zu einer neuen natürlichen Garten-Anlage, bei der Königlichen Residenz in Innsbruck, 1810, Bayerische Verwaltung der staatlichen Schlösser, Gärten u. Seen, München, Schloß Nymphenburg, Pläne der Gartenabt., SV C 30/12 Österreich.

[18] Carl August von Sckell, Plan zur Umwandlung des symmetrischen Schloßgartens zu Innsbruck in eine natürliche Anlage, 1828, Bayerische Verwaltung der staatlichen Schlösser, Gärten u. Seen, München, Schloß Nymphenburg, Pläne der Gartenabt., SV C 30/14 Österreich.

[19] Plan des k. k. Hofgartens zu Innsbruck, wie derselbe im Jahre 1857/1858 angelegt wurde, Bundesgärten, Verwaltung Hofgarten Innsbruck, Plan A 17.

[20] C. Loidl-Reisch, Die Entstehung eines Parkpflegewerkes für den Innsbrucker Hofgarten, in: Irdische Paradiese, op. cit., S. 51 – 54.

[21] Plan vom Hofgarten zu Lienz, 1608, Aquarell, TLA, Karte 2722.

DIE FEUDALEN GARTENSCHÖPFUNGEN DES ADELS NACH VORBILD DES HOFES

Das Adelige Damenstift zu Hall und sein barocker Gartensaal

Die Gartenanlagen der Fürstbischöflichen Residenz und der Herrengarten in Brixen

Die Barockgärten der Familie Sternbach in Mühlau, Pettnau und Mareit

Die Gartenanlage beim Palais Trapp und weitere barocke Adelsgärten in Innsbruck, Bozen, Rodeneck und Sterzing

Ein Biedermeiergarten in Absam: Melans

Die spätromantische Utopie des Freiherrn von Lipperheide im Schloßpark von Matzen

Das Adelige Damenstift zu Hall und sein barocker Gartensaal

Der Gartensaal des Haller Damenstiftes gehört zu den bedeutendsten Gartengebäuden Österreichs und stellt mit seinen Fresken ein für Tirol einzigartiges Kulturdenkmal dar. Gegründet wurde das Haller Damenstift von den drei Erzherzoginnen Magdalena, Margarete und Helena, den Schwestern Erzherzog Ferdinands II., im Jahre 1567. Noch im selben Jahr wurde jenseits des Stadtgrabens ein großer Garten angelegt, der als Lust- wie auch als Nutzgarten den Stiftsdamen einen angenehmen Aufenthalt im Freien ermöglichte. Kapellen, Brunnen, Pavillons, Gemüsebeete und Parterres waren bereits in der ersten Anlage vorhanden. Die Bedeutung des Gartens wurde durch den Bau des Lust- oder Magdalenensaales 1715/17 unter Eleonore Gräfin Herberstein erhöht.

Auf einem aquarellierten Plan von Leopold Spilmann[1] wird die barocke Umgestaltung deutlich: Neben dem neuerbauten Lustsaal sind die Josephs- und die Maria-Schnee-Kapelle, der Wurzgarten mit Brunnenhaus, die Orangerie, Treillagen, Brücken und ein chinesisches Gartenhaus sowie landwirtschaftlich genutzte Gebäude zu erkennen.

Hall, Stiftssaal, Lünette in der Sakristei, um 1717

li. Seite: Hall, Stiftsgarten, Brunnenhäuschen, 2. Hälfte 17. Jahrhundert

Hall, Stiftsgarten, Eingangsfront in den Stiftssaal (Ostseite)

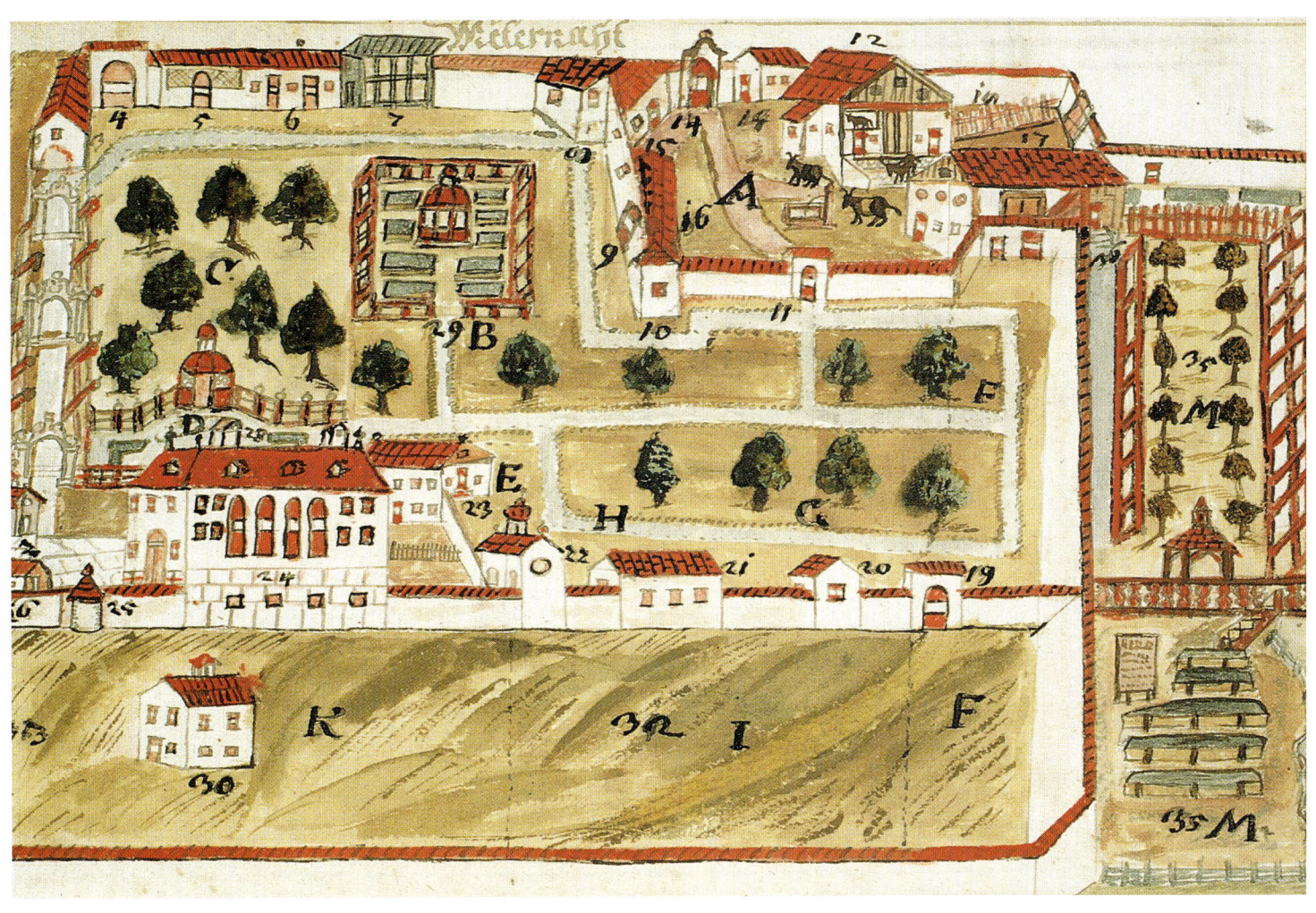

Leopold Spilmann, Stiftsgarten Hall, 1750, aquarellierter Plan

Diese für Tirol außerordentlich reichhaltige Gartenanlage ist zwar in ihrer Gesamtheit noch erhalten, größtenteils aber einer artfremden Nutzung zugeführt worden[2]. Lediglich der Bereich rund um den Stiftssaal läßt die einstige Bedeutung erkennen und wird im Sinne eines historischen Gartens wiederhergestellt.

Eine barocke Freitreppe mit altem, schmiedeeisernen Geländer führt an der Westfassade in den Lustsaal. An seiner Längsseite ist er durch jeweils 13 Kolossalfenster gegliedert und mit gemalter Scheinarchitektur versehen. Eine nischenförmige Kapelle durchbricht den Rhythmus der Architektur; der Nordseite vorgelagert ist ein formaler Buchsgarten mit einem Springbrunnen in seiner Mitte.

Im Inneren überrascht der großzügige architektonische Schwung der sich zum Festsaal hin öffnenden Fenster und Balkone wie auch die starke Farbigkeit der illusionistischen Deckengemälde Kaspar Waldmanns[3]. Im Mittelfeld ist die Gründerin des Damenstiftes, Erzherzogin Magdalena, auf einer Wolke kniend, vereint mit ihrer Namenspatronin, der Muttergottes und anderen Heiligen dargestellt. Heitere Beschwingtheit findet sich in kecken Putten, welche sich schwebend necken, aber auch in duftig gemalten Blumenarrangements, die Auskunft über die damalige Flora geben.

Die von Andrea Pozzo beeinflußten Deckenmalereien zeigen einen Kaspar Waldmann am Höhepunkt seines Schaffens. Verschiedene Nebenräumlichkeiten, darunter Sakristei, Küche und Toilettenanlagen sowie Schlafkammern, ermöglichten auch einen längeren Aufenthalt, was zur Zeit von Erdbeben und Pestgefahr immer wieder notwendig war. Der mit äußerster Sorgfalt restaurierte Stiftssaal[4] ist ein architektonisches Juwel und beinhaltet einen der schönsten Gartenrepräsentationsräume – schade, daß das gärtnerische Umfeld nur noch zu einem kleinen Teil erhalten ist!

Hall, Stiftsgarten, Magdalenssaal, Tapetentür, Orangenbäumchen

Hall, Stiftsgarten, Magdalenssaal, Fresko-Detail von Kaspar Waldmann: spielender Putto mit Früchten, 1715/17

li. Seite: Hall, Stiftsgarten, Brunnenhäuschen, Inneres

Die Gartenanlagen der Fürstbischöflichen Residenz und der Herrengarten in Brixen

Andreas von Österreich, Sohn von Erzherzog Ferdinand II. und Philippine Welser, bekleidete seit 1591 das Amt des Fürstbischofs von Brixen. Er begann mit dem Umbau der fürstbischöflichen Residenz, einem in harmonischem Zusammenspiel zwischen Architektur und Bildhauerei entstandenen Renaissancepalast. Der bereits 1576 unter seinem Vorgänger Christoph von Madruzz entstandene Herrengarten gehörte ebenso wie der große Baumgarten zum Gesamtensemble. Im Baumgarten ließ Andreas von Österreich 1596 die beiden heute noch bestehenden Gartenhäuser in chinesischem Stil „Pagodenturm" und „chinesischer Pavillon" erbauen. Diese gartenarchitektonisch interessanten Bauwerke zählen zu den frühen Zeugnissen einer Chinabegeisterung, die später zur Mode werden sollte. Vermutlich wurde Kardinal Andreas dazu von seinem Vater, Erzherzog Ferdinand II., inspiriert, der auf Schloß Ambras eine der frühesten chinesischen Sammlungen in Europa besaß. Die beiden Gartenhäuser sind auf alten Ansichten von Brixen deutlich erkennbar; jeweils in die Mauer integriert, bieten sie einen hervorragenden Rundblick über den Garten und die Residenz. Der Pagodenturm, im Untergeschoß ein mächtiger Rundturm, wird im Obergeschoß von zwölf hölzernen Säulen verziert und trägt das Wappen von Fürstbischof Andreas von Spaur.

Der chinesische Pavillon erfuhr während der Barockzeit eine Änderung: Er bekam ein Dach mit aufgebogenen Hörnern, ähnlich, wie es die Malereien im chinesischen Zimmer der Hofburg vermitteln.[5] Das große Areal des Baumgartens besteht nach wie vor und erinnert mit den beiden fernöstlich inspirierten Gartenhäusern an glanzvolle Zeiten.

Der Herrengarten von Brixen, nördlich an die Hofburg (= Fürstbischöfliche Residenz) anschließend, wurde unter Kardinal Christoph von Madruzz 1576 angelegt. In diesem Renaissance-Ziergarten gab es ein Sommerhaus, einen Fischkalter, eine Vogeltenne und eine Orangerie. Sein genaues Aussehen ist nicht überliefert, vermutlich entsprach er der Form, die Anton M. Engl 1831

Brixen, Fürstbischöfliche Residenz, Chinesische Wandmalerei, 18. Jahrhundert

Brixen, Fürstbischöfliche Residenz, Baumgarten, Chinesischer Pavillon

li. Seite: Brixen, Fürstbischöfliche Residenz, Baumgarten, Pagodenturm, 1596

in einem Aquarell überliefert hat[6]. Diese Darstellung Engls bildete auch die Grundlage für die 1989 bis 1991 ausgeführte Rekonstruktion[7], die nach anfänglicher Ablehnung durch die Brixner Bevölkerung heute eine breite Akzeptanz gefunden hat. Vom einstigen Garten waren nur noch das Brunnenbecken (19. Jahrhundert) und die Mauernische erhalten geblieben. Kreuzförmig angelegte Beete teilen nun das Areal in vier Viertel, die in sich wiederum unterteilt sind. Der Plan Engls zeigt eine Aufteilung des Gartens im Stil der Renaissance mit der Bepflanzung des Biedermeiers. Heute bringt der Garten die damals durchaus übliche Kombination zwischen Zier- und Nutzpflanzen, wobei die rahmenden Rabatten mit einer niederen Buchseinfassung versehen sind und historische Rosenpflanzen neben blühenden Staudengewächsen beinhalten. Verschiedene Themen wurden durch Pflanzen imaginiert: Küche, Medizin, Duft und Kosmetik, Magie und Liebe. In der Mitte der Rahmenrabatten stehen Kegeleiben, die Ecken werden durch Kübelpflanzen betont: Pomeranzen, Oleander, Lorbeer und Margeriten. Die Gemüse- und Kräuterpflanzen waren anfänglich ungewohnt, doch inzwischen prägen sie das Bild dieser gelungenen Garten-Rekonstruktion als Nutz- und Ordnungsfaktor entscheidend mit.

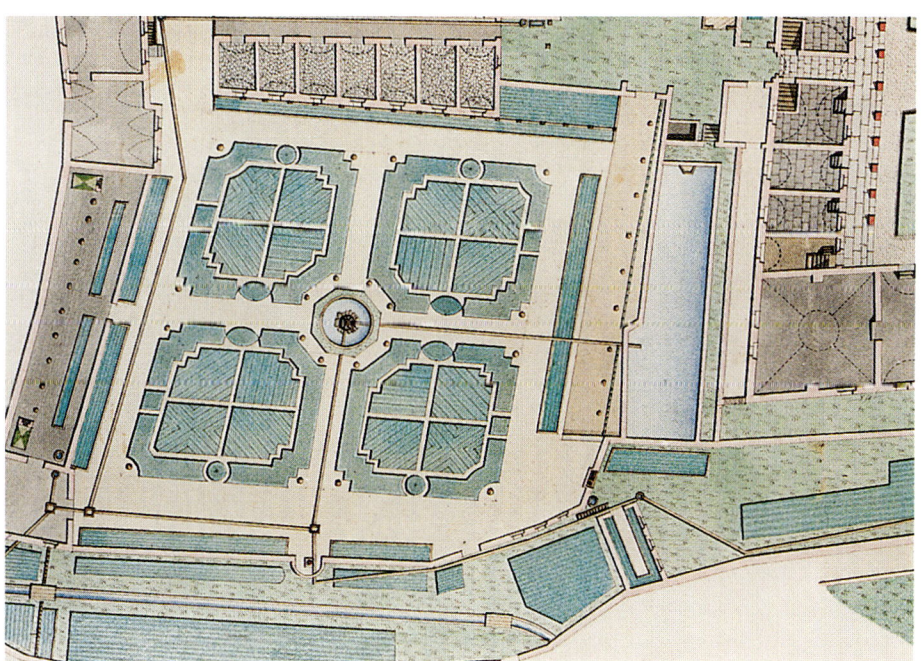

Anton M. Engl, Plan von Brixen, 1831, Ausschnitt: der Herrengarten

li. Seite: Brixen, Herrengarten, Zier- und Nutzgarten (Rekonstruktion 1989/91)

Die Barockgärten der Familie Sternbach in Mühlau, Pettnau und Mareit

Der Ansitz Grabenstein-Rizol oder das Schloß zu Mühlau

li. Seite: Innsbruck, Schloß zu Mühlau, barocke Stiegenanlage

Plan des Ansitzes Grabenstein-Rizol, 1720

Franz Andreas Wenzel Freiherr von Sternbach vereinigte 1714 die Ansitze Grabenstein und Rizol und ließ das Ensemble 1714/2o zu einem repräsentativen Barockschloß umbauen, das nach seinem Besitzer auch Schloß Sternbach oder Schloß zu Mühlau genannt wurde. Die letztere Bezeichnung sollte, auf Wunsch des heutigen Eigentümers, einheitlich verwendet werden. Die weitläufigen Gartenanlagen wurden zur gleichen Zeit errichtet, wie ein Plan von 1720 bestätigt.[8] Darauf ist deutlich das vor dem Schloß befindliche barocke Gartenparterre zu erkennen, welches architektonisch von einem konkav geschwungenen Ehrenhof mit seitlich korrespon-

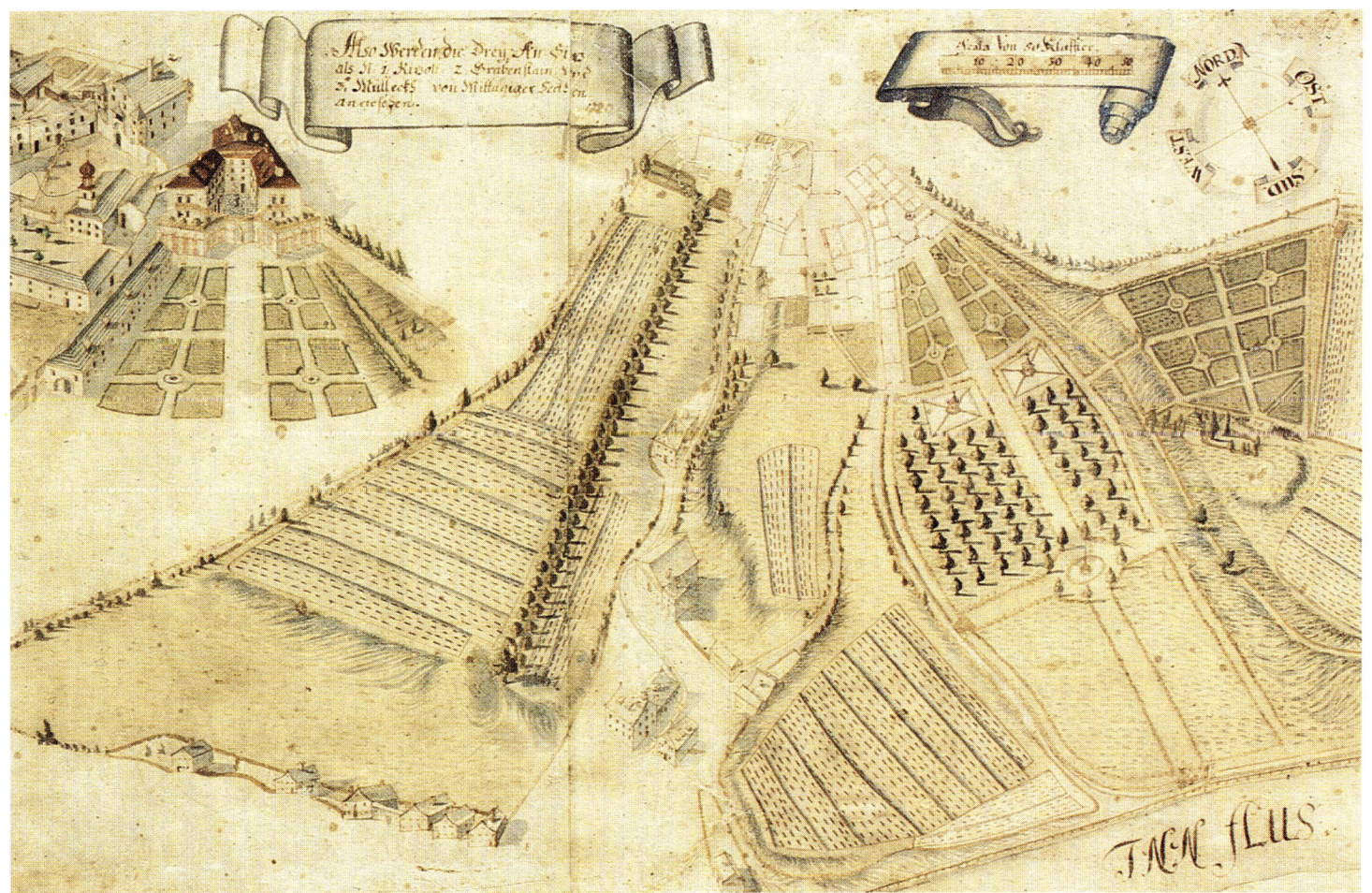

Innsbruck, Schloß zu Mühlau,
Barockparterre mit Wasserbassins

Innsbruck, Schloß zu Mühlau,
Blick vom Süden mit Gartenparterre

*Innsbruck, Schloß zu Mühlau, Wasser-
pavillon, heute im Landschaftsgarten*

*Innsbruck, Schloß zu Mühlau, Wasser-
pavillon, Inneres mit Wandmalereien*

dierenden Orangerieflügeln flankiert war. Jeweils vier unterteilte
Rabatten mit einem zentralen Springbrunnen als Mittelpunkt
gliedern das Parterre. Daran anschließend erkennt man zwei
Wasserbassins mit darin stehenden Pavillons (der östliche ist
noch erhalten).

Eine zentrale Achse verläuft vom Schloß in südliche Richtung bis
hin zum ehemaligen barocken Eingangstor (heutige Haller Straße).
Diese durchgehende Linie wird nur durch einen zu einem Rondell
erweiterten Platz unterbrochen, den eine Fontäne mit umgebenden
Bäumchen ziert. Unmittelbar an das Schloß im Westen anschließend, befand sich ein langgestrecktes Gebäude, das als Remise
benützt wurde und zugleich über ein unterirdisches Heizsystem
für die Orangerien verfügte. Vier noch vorhandene Kamine am
nördlichsten Rand der Rabatten dienten zur Entlüftung.

Im östlichen Bereich des Parterres steigt das Gelände an, und über
eine verwitterte barocke Treppenanlage gelangt man in den erhöht
gelegenen Gartenteil. Entlang der Stiege befinden sich seitlich
jeweils sieben Säulenpostamente, die vermutlich mit Barockfiguren
verziert waren. Von hohen Tannenbäumen umgeben, befand sich
dort bis um 1900 die „Gloriette", ein Lusthaus, welches auf alten
Ansichten deutlich erkennbar ist und möglicherweise mit Fresken
von Kaspar Waldmann ausgestattet war[9]. Auch hier erkennt man
auf dem Plan von 1720 einen Ziergarten, der unter Guido von
Sternbach (1842 – 1931) in den englischen Gartenteil integriert
wurde.

Um 1853 existierte eine Seidenraupenzucht, ein Unikum für
Nordtirol, an die heute noch ein einziger Maulbeerbaum erinnert.
Der noch vorhandene Baumbestand stammt größtenteils aus den
60er Jahren des vorigen Jahrhunderts, wo Exoten und botanische
Raritäten wie Ginkgo, Japanische Sicheltanne, Zedern, Winter-
und Silberlinden den neu angelegten Landschaftsgarten bereicherten.

Der Garten von Mühlau zählt zu den bedeutendsten Anlagen des
Adels in Tirol, in welchem die barocken Strukturen im Parterre mit
dem teilweise noch vorhandenen Landschaftspark eine gelungene
Symbiose eingehen, wenngleich auch der größte Teil heute der
landwirtschaftlichen Nutzung zugeführt worden ist.

Pettnau, ehemaliger Ansitz Sternbach,
barocke Orangerie

Der ehemalige Ansitz Sternbach in Pettnau

In östliche Richtung an den ehemaligen Ansitz Sternbach in Pettnau anschließend, befindet sich ein großes Gartenareal, in dem noch Spuren seiner einstigen Nutzung erkennbar sind. Umgeben von einer noch intakten Umfassungsmauer liegen eine Orangerie, ein Gartenhaus, ein Springbrunnen, Bienenhäuser sowie die Reste einer Kegelbahn. Leider ist der gesamte Garten in sehr schlechtem Zustand; von seiner ehemals vorbildlichen Ausstattung ist kaum etwas übriggeblieben. Die Orangerie dämmert in halbverfallenem Zustand ihrem endgültigen Einsturz entgegen und die freien Wiesenflächen wurden teilweise in einen Gemüsegarten umgewandelt. Trotzdem hat der Garten auch in seiner heute bäuerlichen Nutzung etwas von seinem ursprünglichen Charakter bewahrt: Die bevölkerten Bienenhäuser, das Wasserbassin, die bunten Schnittblumen und das Gemüse sowie die Orangerie und das zweigeschossige, turmartig in die Mauer integrierte Gartenhaus, beide aus dem 18. Jahrhundert, vermögen den, wenn auch unvollständigen Eindruck eines einstmals herrschaftlichen Gartens in ländlicher Idylle zu vermitteln, bei dem heute letztere überwiegt.

Pettnau, ehemaliger Ansitz Sternbach, Mauerpavillon

Pettnau, ehemaliger Ansitz Sternbach, Gartenanlage mit Springbrunnen

J. G. Pruner, Schloß Wolfsthurn in Mareit mit Gartenanlage; Zustand vor dem barocken Umbau, um 1725, Aquarell

Der Garten von Schloß Wolfsthurn in Mareit

Vier kleine aquarellierte Ansichten geben Nachricht vom Aussehen einer Gartenanlage in Wolfsthurn vor 1725 [10]. Demnach handelt es sich um einen langgestreckten, von Mauern und Gebäuden umgebenen Teil, der eine Mischung aus Zier- und Nutzgarten gewesen sein dürfte. An der südlichen Umfassungsmauer gelegen, erinnert er, bedingt durch die topographischen Gegebenheiten, an einen hortus conclusus des Mittelalters. Ein wohl landwirtschaftlichen Zwecken vorbehaltenes scheunenartiges Gebäude grenzt den Garten gegen das Schloß hin ab. In der Mitte der Umfassungsmauer integriert befindet sich ein zum Garten hin geöffneter Pavillon mit Kegeldach, umgeben von einer Spalierobstbaumreihe. Die davor gelegenen Beete sind teilweise ornamental verziert oder mit Gemüsen bepflanzt.

Die zwischen 1725 und 1741 erfolgte Barockisierung machte auch vor dem kleinen Garten nicht halt: Es entstanden an den längsseitigen Mauern, welche den Kavalierstrakt mit dem Schloß verbanden, zwei neue, zum Garten hin geöffnete Pavillons, die an ihrer Vorderfront von drei Säulen gestützt wurden. Ein formschönes und zweckentsprechendes Gartenhaus mit leicht geschwungener Fassade und bekrönender Attika, das idealen Unterschlupf vor Unbilden des Wetters bot und zum geselligen Zusammentreffen im Garten einlud.

Mareit, Schloß Wolfsthurn,
barocker Pavillon

Mareit, Schloß Wolfsthurn,
Gartenanlage mit Brunnen und Pavillon

Die Gartenanlage beim Palais Trapp und weitere
barocke Adelsgärten in Innsbruck, Bozen, Rodeneck und Sterzing

Die Anlage des Palais Trapp umschließt mit seinen Haupt- und Seitenflügeln einen Innenhof, in dessen Anschluß sich eine in ihren barocken Strukturen noch gut erkennbare Gartenanlage erstreckt. Am rückwärtigen Ende liegt das Gartenhaus, welches im 18. Jahrhundert vermutlich von Johann Martin Gumpp d. Ä. errichtet wurde[1]. Mehrmals umgebaut, wurde es vor kurzem zu privaten Wohnzwecken adaptiert, wobei die Fassade ihren ursprünglichen Charakter beibehalten hat.

Der Garten selbst ist durch ein schönes, barockes Tor vom Innenhof aus zu betreten. Die kreuzförmig angelegten Wege werden von Hainbuchenhecken begrenzt. In der Mitte der Anlage befindet sich ein steinernes Bassin mit Springbrunnen. Die seitlichen, hohen Außenmauern der angrenzenden Häuser sind mit dichtem Efeu bewachsen. Fliederbüsche, Jasminsträucher, Pfingstrosen, Schneebälle sowie ein mit zierlichen Heckenrosen überwachsener Bogen und eine Vielzahl von Rosen (Queen Elizabeth) prägen die heutige Gartenerscheinung. Von den ursprünglich zwei Pappeln ist noch eine (rechtsseitig) erhalten.

Innsbruck, Palais Trapp, Heckenrosenbogen

Innsbruck, Palais Trapp, barocke Wegachse mit Blick auf Gartenhaus

li. Seite: Innsbruck, Palais Trapp, barocke Gartenanlage mit Springbrunnen

Bozen, Schloß Toggenburg, Brunnenanlage
mit Gartenplastiken

Nachdem gegen Ende des 17. Jahrhunderts die Folgen des 3ojährigen Krieges überwunden waren, begann sich in Innsbruck eine neue Blüte abzuzeichnen. Immer mehr Adelsfamilien verließen ihre Burgen und zogen zumindest zeitweise in die Stadt. Dadurch entstanden zahlreiche Adelspalais, die fast alle in der „Neustadt" (= Maria-Theresien-Straße) angesiedelt waren. Nicht zufällig hieß diese damals auch „Grafengasse". Johann Martin Gumpp d. Ä. prägte als Baumeister einer Reihe von bedeutenden Palästen das barocke Antlitz von Innsbruck: Palais Wolkenstein-Trapp, Fugger-Taxis, Troyer-Spaur, Künigl, Lodron und Sarnthein in der Neustadt sowie das Palais Ferrari, sie alle wiesen barocke Gartenanlagen auf, wie es die „Rindlerschen Stadtpläne" von 1712 und 1723 bezeugen.

Wenngleich die Gärten meist schematisiert durch einige Bäume, Beete oder Brunnen wiedergegeben sind, zeugen sie doch von der großen Gartenkultur, die Innsbruck im Barock aufzuweisen hatte. Leider sind diese Gärten durch die intensiven Verbauungspläne des 19. Jahrhunderts beinahe zur Gänze verschwunden.

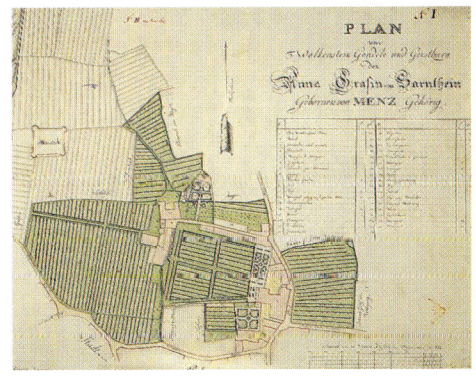

Bozen, Schloß Toggenburg, Plan, 1. Hälfte 19. Jahrhundert

Der Park des Palais Toggenburg, Bozen

Ein Plan aus der 1. Hälfte des 19. Jahrhunderts, welcher Anna Gräfin Sarnthein[12] gewidmet ist, zeigt die Gartenanlagen des Palais Toggenburg deutlich. Man erkennt noch die barocken Wegachsen und die Beetunterteilungen, die Rasenflächen selbst scheinen als Nutzflächen auf.

Auch bei der Umgestaltung in einen Landschaftspark wurden vereinzelte Relikte des Barockgartens weiterverwendet, wie etwa die Sandsteinfiguren, welche die vier Jahreszeiten darstellen. Sie stehen entlang eines Weges zu einer mit Muscheln verzierten, in die Gartenmauer integrierten, halbkreisförmigen Grotte, welche mit einer Brunnenschale und einer im Stil des Klassizismus gehaltenen weiblichen Figur geschmückt ist. Verschiedene botanische Raritäten, welche zum Teil heute noch erhalten sind, stammen aus dieser Zeit.

Schloß Rodenegg mit barocker
Gartenanlage, 1. Hälfte 18. Jahrhundert

Der ehemalige Barockgarten des Schlosses Rodenegg am Eingang des Pustertales

Ein Ölgemälde aus der Churburg (2. Hälfte 18. Jahrhundert) zeigt die barocken Gartenanlagen von Schloß Rodenegg, wie sie ausgesehen haben könnten: Ein terrassenförmig angelegter, von einer hohen Mauer umgebener Gartenteil mit achsialer Wegführung, unterschiedlichen Parterreformen, bunten Blumenarrangements, Springbrunnen, Gartenplastiken, Topiarien, einem Aussichtspavillon, einem länglichen Gebäude (Orangerie?) sowie einer freien Rasenfläche, auf der ein Kugelspiel zwischen höfisch gekleideten Menschen stattfindet, bilden das Szenarium zu dieser prächtigen Darstellung. Von diesem Ziergarten, der, wie das Schloß, im Besitz der Grafen Wolkenstein ist, hat sich nichts erhalten.

Der Garten beim Ansitz Jöchlsthurn in Sterzing

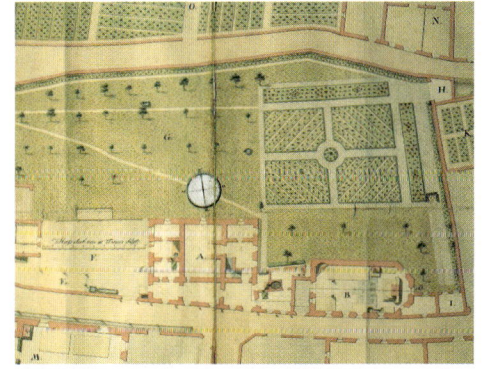

Sterzing, Ansitz Jöchlsthurn, Plan von Cassian von Jenner, 1828

Cassian von Jenner überliefert auf seinen Ansichten des Ansitzes Jöchlsthurn zu Beginn des 19. Jahrhunderts biedermeierliche Beschaulichkeit. Ein Plan von 1828, welcher neben den Baulichkeiten auch den dazugehörigen Garten zeigt, bestätigt dies: Neben Wagenremise, Stallung und Holzlege in der Umfassungsmauer[13] sind ein biedermeierlich bepflanzter Kräutergarten mit barockem Wegkreuz und Mittelrondell, eine Kegelbahn mit exakt eingezeichneten Kugeln, zwei längliche Blumenbeete sowie zwei in die Mauer integrierte Gartenhäuschen und ein großer Baumgarten zu erkennen. Seit 1643 im Besitz der Grafen von Enzenberg, mußte der Ansitz verschiedene Nutzungen über sich ergehen lassen: Anfänglich waren die Nonnen von Sonnenburg untergebracht, später im 19. Jahrhundert das Bezirksgericht und das Steueramt, wobei es durch mangelnde Instandhaltung zu schweren Schäden kam. Bei der von 1983 bis 1990 stattgefundenen beispielhaften Sanierung wurde neben dem Ansitz auch der Garten rückgewidmet und in Form eines Buchsparterres wiederhergestellt.

Ein Biedermeiergarten in Absam: Melans

li. Seite: Absam, Schloß Melans,
Buchsparterre mit Vasengalerie

Melans mit Jungbäumen, 1843

Felix Freiherr von Riccabona erwarb 1815 das verfallene Schloß
Melans und renovierte es in der Folgezeit; dabei wurde es jedoch
wesentlich kleiner, im Stil eines vornehmen Ansitzes konzipiert.
Die Anlegung des Gartens fällt in die Zeit um 1830, wie eine
Lithographie aus dem Jahre 1843 überliefert. Darauf ist das
Gebäude mit Garten und Jungbäumen dargestellt.[14] Das Motiv
des Gartens samt Pavillon wurde als Briefkopf der Familie
Riccabona im 19. Jahrhundert verwendet. Die Anlage ist bis heute
kaum verändert, die Strukturen sind klar ersichtlich geblieben.
So gliedert sich der Gartenbereich in einen Formalgarten mit
Buchsparterre und in einen Landschaftspark, welcher noch den
Baumbestand der Entstehungszeit aufweist.

Melans, Vasengalerie (um 1830 angelegt)

Die einmalige Aussichtslage über das gesamte Inntal definiert Melans als einen der großartigsten Gartenausblickspunkte Tirols. Vom Hauptportal des Wohnhauses führt die Sichtachse direkt zum ehemaligen Eingangsportal im tiefer gelegenen Gartenteil. Der Eingang wird heute nicht mehr benützt. Die zwei Ebenen der Gartenanlage werden durch ihre Funktion unterstrichen: Der tiefer gelegene Teil diente vorwiegend als Nutzgarten, der dem Hause zugewandte Teil hingegen als Ziergarten. Hohe Buchshecken in leicht geschwungenen, geometrischen Formen mit altem Rosenbestand erstrecken sich vor der Süd- und Ostfassade des Hauses. Die Begrenzungsmauer zum unteren Gartenteil wird durch eine Vasengalerie betont und geschmückt zugleich. Gefüllt mit roten Geranien, bilden die Steinvasen den reizvollen Vordergrund des prachtvollen Landschaftsausblickes. Eine nischenförmige Ausbuchtung der Mauer zeigt heckenrosenbewachsene Überreste eines Salettls.

Im anschließenden Landschaftspark finden sich neben altem Baumbestand ein Erinnerungsdenkmal an Felix von Riccabona, den Gartenbegründer, sowie ein ehemaliges Gartenhaus, steinerne Zaunpfosten und altes Gartenzubehör (z. B. Wiener Bänke aus der ersten Hälfte des 19. Jahrhunderts).

Melans, Landschaftspark, Gedenkstein für Felix Freiherr von Riccabona

Erinnerungen an Melans, 1856, mit Kapelle und Gedenkstein

Melans, Orangerie mit neugotischer
Kapelle im Hintergrund

li. Seite: Melans, ehemaliges Salettl mit
Wandbrunnen

Die im nördlichen Teil des Gartens gelegene Orangerie ist in schlechtem baulichen Zustand, verströmt jedoch wehmütigen Charme. Zusammen mit der neugotischen, 1890 errichteten Kapelle bildet sie den architektonischen Abschluß des Gartens. Der Garten von Melans entspricht auch heute noch dem biedermeierlichen Grundprinzip seines Erbauers: In seiner Überschaubarkeit vermittelt er gepflegte, intime Gartenräume mit allerlei außergewöhnlichen Pflanzen und ist durch die behutsame Gestaltung seiner Besitzer ein gartenhistorisches Gesamtkunstwerk geblieben.

Melans, Ansitz mit ehemaligem Haupteingang

Melans, winterliche Vasengalerie

li. Seite: Melans, Winterimpressionen, Gartenplastik vor Orangerie

Die spätromantische Utopie des Freiherrn von Lipperheide im Schloßpark zu Matzen

Franz Freiherr von Lipperheide (1838–1906), ein Berliner Geschäftsmann, erwarb 1884 das ehemalige Gasthaus „In der Au" um 185.000 fl, einschließlich der Grundflächen rund um Schloß Matzen. Die Burg selbst war unverkäuflich, sodaß sich der kunstsinnige Baron zu einem Neubau, dem nach ihm benannten Schloß Lipperheide (oder auch „Neu-Matzen"), entschloß. Der berühmte Münchner Architekt Georg Josef Ritter von Hauberisser hatte die Bauleitung inne. Das im Stile des Historismus gehaltene Haus wurde zwischen 1885 und 1890 errichtet. Gleichzeitig betraute man den bayerisch-königlichen Hofgärtner Ing. Walther mit der Planung eines Landschaftsparkes. Eine Fläche von 15 Hektar wurde derart gestaltet, daß die Grenzen zwischen englischem Park und angrenzender Landschaft verwischt und die Umgebung in die

Reith/Brixlegg, Blick auf Schloß Lipperheide mit Gießenbach und Gartenanlage

li. Seite: Reith/Brixlegg, Schloßpark Matzen, Spiegelung der Burg Matzen im Löwenteich

Reith/Brixlegg, Schloß Lipperheide,
Pergola heute

Reith/Brixlegg, Plan der Pergola

Parkkonzeption mit einbezogen wurde. Lipperheide schuf sich hier gemeinsam mit seiner Frau Frieda sein Tuskulum, in das er sich zurückziehen und Freunde und Künstler empfangen konnte. In der weitläufigen Gartenanlage entstanden vier Teiche (Löwen-, Karpfen-, Ruinen- und Schloßteich), Ruinen, Denkmäler, ein Nymphäum, ein Hippodrom, Pergolen und Pavillons sowie ein „Salettl zur schönen Aussicht". Inmitten dieser gestalteten Natur lag das „Jägerhäusl", in welchem Hugo Wolf seine Oper „Der Corregidor" komponierte. Viele berühmte Persönlichkeiten gingen bei Lipperheide ein und aus, so Franz von Defregger, Ludwig Steub, Adolf Pichler, Peter Rosegger, Marie von Ebner-Eschenbach, Hoffmann von Fallersleben, Karl Schönherr, Ignaz Zingerle, Konrad Fischnaler u. v. m.
Ein Brunnendenkmal gedenkt des Komponisten Hugo Wolf, ein Felsendenkmal des Schriftstellers Ludwig Steub. Auch seiner Frau Frieda von Lipperheide wurde eine Brunneninschrift gewidmet.
Die vier auf Sichtachse gelegenen Teiche zwischen dem Schloß Lipperheide und der Burg Matzen sind heute an manchen Stellen zugewachsen und lassen die ursprüngliche Konzeption nur mehr erahnen. Viele der ab 1885 gepflanzten Bäume sind noch vorhanden, so Ahorn, Birke, Buche, Edelkastanie, Eiche, Esche, Linde, Pappel, Platane, Robinie, Trompetenbaum, Ulme und Weide. Von den Nadelhölzern sind vor allem Eiben, Fichten, Kiefern,

Ehrenmitgliedschaftsurkunde für Franz Freiherrn von Lipperheide, 1893 mit Darstellung von Schloß Lipperheide, der Pergola und dem Rolandsbogen

Mammutbäume, Tannen, Zedern, Zirben und Zypressen erwähnenswert. Während des Ersten Weltkrieges wurden zahlreiche exotische Bäume zerstört und viel Holz aus dem Park herausgeschlagen; noch schlimmer wüteten Besatzungssoldaten und Kriegsflüchtlinge während des Zweiten Weltkrieges, sodaß Park und Schloß immer stärker verfielen.

Im Jahr 1955 erwarb die Marktgemeinde Brixlegg den östlichen Teil des Parkes, 1968 kam der westliche Park in den Besitz von Reith und Schloß Lipperheide an Architekt Josef Gschösser. In einem fünfjährigen Schwerpunktprogramm wurden die ärgsten Schäden beseitigt und eine grundlegende Sanierung durchgeführt. Das Schloß wurde durch den steten Einsatz seines jetzigen Besitzers instand gesetzt. Längst nicht alle gartenarchitektonischen Bauwerke haben die schlechten Zeiten überdauert; vom Nymphäum ist nur noch ein spärlicher Rest vorhanden, vom Hippodrom sind einige Marmorbänke und ein neugotisches Tor übriggeblieben. Der „Rolandsbogen" im oberen Gartenteil galt als eine exakte Nachbildung seines berühmten Vorbildes vom Rhein. Heute steht er zweckentfremdet und von einem modernen Haus bedrängt da. Von den Salettln ist nur noch eines, auf einem Hügel gelegen, erhalten. Auch das „Casino", welches auf der Weltausstellung in Paris bessere Zeiten gesehen hatte und von Lipperheide nach Tirol transferiert wurde, ist in baufälligem Zustand (soll aber in absehbarer Zeit renoviert werden). Eine große Einbuße erfuhr der Besitz durch den Bau der Bundesstraße. Die Grenze zwischen Lipperheide und Schloß Lichtwehr war der künstlich angelegte Gießenbach.

Der Landschaftspark von Matzen ist, trotz Einbußen, auch heute noch ein wichtiger Stimmungsträger, vermittelt er doch die an der Spätromantik orientierten Ideen und Empfindungen seines Erbauers, der ein für Tirol bedeutendes gartenhistorisches Gesamtkunstwerk entstehen ließ.

Reith/Brixlegg, Schloßpark Matzen, Reste des Nymphäums

Reith/Brixlegg, Schloßpark Matzen, Denkmal für Ludwig Steub

li. Seite: Reith/Brixlegg, Schloßpark Matzen, Wasserspiegelung vom Nymphäum mit Löwenteich

1) Abriß, Entwürfe und Beschreibungen aller vom hochl. Königl. Stifft besitzenden Behausungen, Gärten, Höfe, Güter, Äcker, Wiesen, Almen, Holzteile, Wälder . . . durch Leopold Mathias Spilmann, hoch belobter königlicher Stiffts Cassier, 175o, Tiroler Landesmuseum Ferdinandeum, F. B. 2lo7.

2) Im nördlichen Teil des Gartens befand sich die Orangerie, sie bestand bis zum Ersten Weltkrieg, ebenso das chinesische Gartenhaus. Spielplatz, asphaltierte Wege und das Altersheim im Osten der Anlage stehen in keinerlei Zusammenhang mit dem südlichen, rund um den Stiftssaal gelegenen Gartenteil und stellen einen brutalen Eingriff in die historische Substanz des Gartens dar. Das Brunnenhaus, erst kürzlich von Grund auf restauriert, ist als Relikt aus für den Garten glanzvolleren Zeiten zu werten.

3) Nähere Beschreibung des Stiftssaales und der Fresken Waldmanns bei M. Frenzel, Historische Gartenanlagen und Gartenpavillons in Tirol, phil. Diss. 1978, S. 2o5.

4) Außenrestaurierung 1997 abgeschlossen, wobei im Eingangsbereich ein Stück Architekturzeichnung freigelegt und belassen wurde. Durch die fast ständige Verdunkelung des Saales durch geschlossene Fensterläden hervorragende Erhaltung der Deckengemälde. Restaurierung im Sockelbereich des Saales im Gange.

5) Das chinesische Gartenhaus wird heute zweckentfremdet straßenseitig als Trafo-Häuschen benützt.

6) Anton M. Engl, Plan vom Fürstbischöflichen Garten, 1831, aquarellierter Plan, Diözesanarchiv Brixen.

7) Die ausführende Landschaftsarchitektin war DI Antonia Höller-Gresser, Bozen. S. a. W. Kofler-Engl, Der Herrengarten bei der fürstbischöflichen Hofburg in Brixen. Bericht einer Rekonstruktion, in: Denkmalpflege in Südtirol 1991 – 1995, 1997.

8) „Also werden die drey An-Siz als N.1: Rizoll, 2: Grabenstain und 3: Mülleck von Mittagiger Seiten angesehen", 172o, Privatbesitz.

9) Kunibert Zimmeter, Gartenhäuser in Nordtirol, in: Tiroler Heimatblätter 4 (1926) S. 99, schreibt als einziger über die mögliche Autorschaft Waldmanns an den Fresken im Lusthaus. Da sich keine Archivalien dazu erhalten haben, ist eine Verifizierung nicht möglich (Zerstörung der Archivalien im Zweiten Weltkrieg).

1o) Aquarelle befinden sich in Schloß Wolfsthurn; abgebildet im Tiroler Burgenbuch, Bd. III, Wipptal, bearbeitet von M. Hörmann-Weingartner, S. 189ff; s. a. Frenzel, op. cit., S. 243f.

11) H. Hammer, Paläste und Bürgerbauten Innsbrucks, in: Kunst in Tirol, Sonderband 2, 1923, S. 14o. Hammer schreibt dieses Gartenhaus J. M. Gumpp d. Ä. zu.

12) Anna Gräfin Sarnthein geb. Menz, heiratete 1819 Ludwig von Sarnthein; seit 181o wohnte sie im Palais, welches ihre Mutter, Maria Anna von Menz, bereits 18o6 erworben hatte. 1855 ehelichte Georg Graf Toggenburg Virginia von Sarnthein, welche das Palais als Mitgift in die Ehe mitbrachte.

13) Durch die 1960 erfolgte Verbreiterung der Straße mußten Wagenremise, Stallung und Holzlege abgerissen werden. Seit 199o Sitz des Südtiroler Landesbergbaumuseums, wurde auch der Garten von späteren Zutaten befreit: die 1965 angebrachten asphaltierten Wege, der Musikpavillon und der Brunnen wurden wieder rückgängig gemacht. Heute befindet sich anstelle des Kräutergartens eine von Buchs eingefaßte, in vier Felder unterteilte Fläche, welche eine Bepflanzung des Biedermeier erhalten soll.

14) „Melans mit Jungbäumen", 1843, Lithographie, Privatbesitz. – „Erinnerungen an Melans", 1856, nach der Natur gezeichnet von Julius von Riccabona, Lithographie, Tiroler Landesmuseum Ferdinandeum, W 21121.

DIE GÄRTEN
DER KLÖSTER UND KIRCHEN

Der Konventgarten von Kloster Neustift mit
seinem barocken Piszin

Der Gartensaal im Stift Wilten als Beispiel
illusionistischer Parklandschaften

Der Prälatengarten von Stift Stams mit
Orangerie und Glorietten

Flaurling: ein terrassierter barocker Pfarrgarten
von besonderem Reiz

Die Serviten und ihre Gartenkultur in Tirol

Der Konventgarten von Kloster Neustift
mit seinem barocken Piszin

li. Seite: Brixen, Kloster Neustift,
Gartenhaus „Piszin", 1667

Nikolaus Schiel, Kloster Neustift,
Ausschnitt: Piszin mit Klostergarten,
Orangerie sowie mit oberem Garten,
Brunnen und Voliere, 1673

Der Konventgarten von Neustift beinhaltet eine gartenarchitektoni-
sche Rarität: Das Piszin, ehemals mit Fischkalter und Umgang versehen, steht heute als Torso inmitten einer weitläufigen Gartenanlage.
„Mensch wie Fisch gleichermaßen zur Recreation dienend", wurde
es unter Abt Hieronymus II. Rottenpuecher 1667 erbaut[1].
Nikolaus Schiel stellt die Gartenanlage auf seiner 1673 entstandenen Stiftsansicht dar.[2] Deutlich ist darauf das Piszin als turmartiges
Gartenhaus mit zeltförmigem Umgang zu sehen. Zierliche Säulchen
im Erdgeschoß geben den Blick in das Innere, auf den Fischkalter,
frei. Auch Treillagen, Pavillons, Spalierbäume, ornamentierte Teppichbeete sowie lustwandelnde Mönche sind auf der Darstellung zu
erkennen.
Josef Mutschlechner zeigt in einer Lithographie von 1830 auch
den oberen Gartenteil mit Springbrunnen, Orangerie, Vogelhaus
und Zierbeeten.[3]

Der heutige Zustand läßt die barocken Strukturen noch partiell erahnen: Zwei große, von Buchs umrahmte Beetflächen im oberen Gartenteil werden jeweils von einem Springbrunnen verziert und seitlich von einer Weinlaubtreillage begrenzt; dem Kloster gegenüber steht ein Vogelhaus und am Ende der Treillage ein mächtiger Ginkgobaum.

In den Beeten sind Schnittblumen gepflanzt, die zur Schmückung der Kirche verwendet werden. Die rundbogigen Glasfenster an der Klosterfront gehören zu einem gewölbten Raum, der heute als Orangerie in Verwendung steht.

Im Turmstübchen des Piszins überraschen noch Ölgemälde in der Art des Stephan Kessler, mit Szenen aus dem Leben des hl. Augustinus.

Rund um das Gartenhaus wirtschaftete bis Ende 1997 eine Erwerbsgärtnerei; mit ihren Topfpflanzen, Beeten und besonderen Züchtungen verstärkte sie den idyllischen Eindruck, den dieser Garten heute noch hervorruft. Im Zuge einer Neugestaltung wäre eine Wiederherstellung des historischen Gartens und eine Konsolidierung des vorhandenen Bestandes notwendig und wünschenswert.

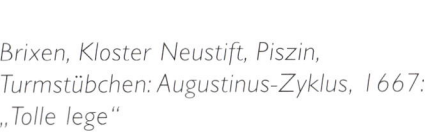

Brixen, Kloster Neustift, Piszin, Turmstübchen: Augustinus-Zyklus, 1667: „Tolle lege"

Brixen, Kloster Neustift, Piszin, Untergeschoß mit Kassettendecke, Säulen mit Granittäfelchen (Weiheinschrift)

li. Seite: Brixen, Kloster Neustift, oberer Garten mit Buchsparterre, Weinlaubtreillage und Voliere

Der Gartensaal im Stift Wilten als Beispiel illusionistischer Parklandschaften

Die von Casimir Grustner 1736 angefertigte Ansicht des Klosters Wilten[4] zeigt auch dessen Gärten: Nutz- und Ziergärten lagen rund um den imposanten Klosterbau. Eine Rarität hat das Kloster aber zudem noch aufzuweisen: den Gartensaal, einen mit illusionistischen Parklandschaften versehenen Raum, welcher unabhängig von Klima und realen Gestaltungsmöglichkeiten eine perfekte Traumkulisse für heitere Stunden auch in der kalten Jahreszeit vortäuscht. Gemalte Gartenprospekte mit Brunnenanlagen, Treppenmotiven, Pavillons und Alleen zeigen barocke Anlagen, wie sie in Tirol in dieser Üppigkeit nie bestanden haben. Ein drapierter Vorhang und eine Balustrade, geschmückt durch Karyatiden, Blumengirlanden und Früchte, umrahmen die perspektivisch auf Weitsicht ausgerichteten Garteneinblicke.

Johann Ferdinand Schor (1686–1767), ein Mitglied der berühmten Künstler-Dynastie, weilte längere Zeit in Rom und wurde als Theaterkulissenmaler berühmt. Von ihm, der zwischen 1708 und 1713 nachweislich im Kloster beschäftigt war, stammen die Gartenprospekte, während das Proszenium von Kaspar Waldmann gemalt worden ist[5]. Dieselben Motive (Vorhang, Girlanden, Karyatiden) finden sich bei dem ebenfalls von Waldmann gestalteten Stiftssaal in Hall wieder.

li. Seite und oben: Innsbruck, Stift Wilten, Gartensaal, Gartenprospekte, Johann Ferdinand Schor und Kaspar Waldmann, um 1710

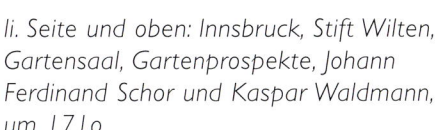

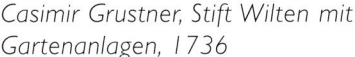

Casimir Grustner, Stift Wilten mit Gartenanlagen, 1736

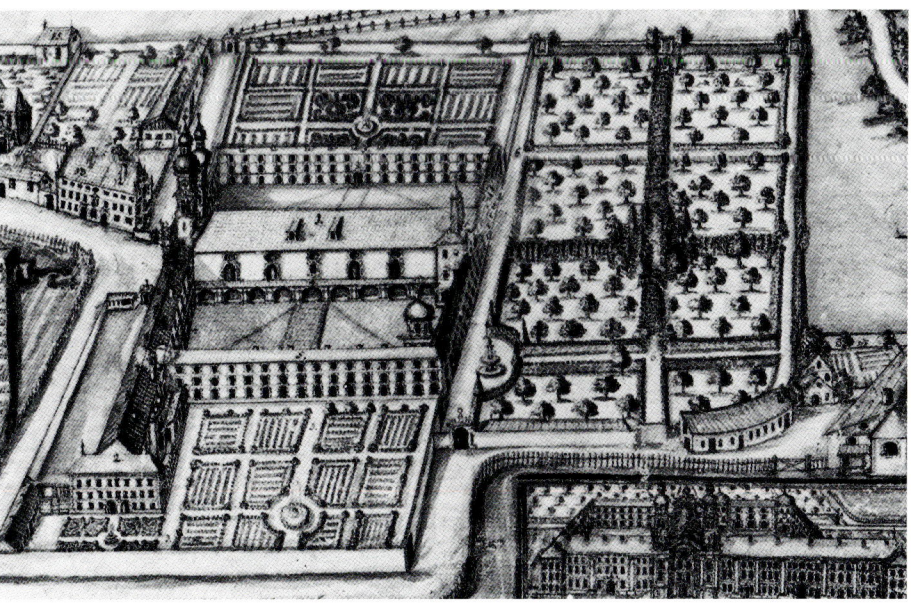

Der Prälatengarten von Stift Stams
mit Orangerie und Glorietten

Unmittelbar vor der prachtvollen barocken Architekturkulisse des Stiftes Stams liegt, eingezäunt durch Malereien tragende, gemauerte Zaunpfosten, der Prälatengarten. Dieser wird gegen Norden von einer Orangerie und zwei flankierenden Glorietten begrenzt. Auf dem Gratulationsbild für Abt Rogerius Sailer von 1754[6] ist die Gartenanlage mit Springbrunnen und vier barocken Kompartimenten deutlich zu erkennen. Die 1738/42 erbaute Orangerie mit ihren Glorietten gibt dem Stamser Garten einen repräsentativen Charakter. Die Fresken in den Glorietten stammen vermutlich von Johann Bernhard Strebele, der für den „Anstrich des Gartens" bezahlt wurde.[7] Dargestellt sind schwebende Putten mit Blumen-

Stift Stams, Gratulationsbild für Abt Rogerius Sailer, 1754, mit Stiftsgarten

li. Seite: Stift Stams, Prälatengarten, barocker, bemalter Zaunpfeiler

Stift Stams, Prälatengarten mit Orangerie und Glorietten

girlanden und Musikinstrumenten. Die räumliche Verbindung zwischen Orangerie und Glorietten läßt auf eine festliche Nutzung während der Sommermonate schließen. In der Mitte des Gartenparterres befindet sich ein steinernes Bassin, welches in früheren Zeiten als Springbrunnen diente, wie auf alten Ansichten deutlich erkennbar ist.

Die Orangerie wie auch die beiden Pavillons wurden erst kürzlich einer Restaurierung unterzogen, allerdings nimmt das neuzeitliche Thermoglas dem barocken Bau seine ursprüngliche Leichtigkeit.

Das interessante architektonische Ensemble vor der imposanten Fassade des Stiftes könnte durch eine Rekonstruktion der ehemals barocken Gartenparterres noch sehr hinzugewinnen, ganz im Gegensatz zur gegenwärtigen Verwendung für diverse Schulveranstaltungen, wobei der Rasen schonungslos in Mitleidenschaft gezogen wird.

Im Sinne eines Gesamtkunstwerkes wäre hier ein Umdenken vonnöten und eine barocke Wiederherstellung der Beete reizvoll und empfehlenswert.

Stift Stams, Prälatengarten, Gloriette mit Fresko, musizierende Putti, J. B. Strebele (?), 1738/42

Flaurling: ein terrassierter barocker Pfarrgarten von besonderem Reiz

Der Ansitz Risenegg, ein ehemaliges sigmundianisches Jagdschloß, wurde um 151o zu einem Pfarrhof umgebaut. Der ehemalige Kaplan Erzherzog Sigmunds, Sigmund Riss, lebte und wirkte hier als Pfarrer von Flaurling, wie seine an Kapelle und Schloß angebrachten Wappensteine bezeugen.

1745 wurde ein terrassierter Garten angelegt, der bis heute, obwohl halb verfallen und überwachsen, nichts von seiner ursprünglichen, intimen Faszination eingebüßt hat. Am Hang gegenüber vom Pfarrhof gelegen, werden zwei Etagen des Gartens durch eine kunstvoll konstruierte Freitreppe verbunden. Die Balustraden der gegenläufigen Treppenanlage wie auch die kugelbekrönten Mauerpfeiler sind aus porösem Gestein und von verschiedensten Pflanzen überwuchert.

Flaurling, Risgebäude, barocker Pfarrgarten, Gartenhäuschen

li. Seite: Flaurling, Risgebäude, barocker Pfarrgarten, Treppe

Vom höchsten Punkt der Anlage aus hat man einen ausgezeichne-
ten Blick auf den Ansitz, die Kapelle und den äußerst gepflegten
Gemüsegarten, welcher zur architektonisch gegliederten Terrassen-
anlage einen bodenständigen Kontrast bietet. Der heute ruinöse
Charakter der ehemaligen Prunktreppe ist in dieser nostalgisch
anmutenden Gartenidylle ein romantischer Stimmungsträger
ersten Ranges.

Flaurling, Risgebäude, mit Gemüsegarten

li. Seite: Flaurling, Risgebäude,
terrassierte Gartenanlage (um 1745)

ÆTATIS SVÆ. 40. 1606. ZS

Die Serviten und ihre Gartenkultur in Tirol

Die P. P. Serviten betrieben in Tirol eine aufwendige Gartenkultur, wie es der Regelhausgarten, die Anlagen beim Servitenkloster und bei Maria Waldrast bewiesen. Den Anstoß dazu gab vermutlich Erzherzogin Anna Katharina Gonzaga, Witwe nach Erzherzog Ferdinand II., die auch als Klostergründerin in die Geschichte eingegangen ist. 1607/o8 ließ sie im südöstlichen Bereich des Hofgartens das sogenannte „Regelhaus" (Orden der Servitinnen bzw. Dienerinnen Mariens) als Klosteranlage errichten. Das Gemälde von Johann Hoffingott mit Erzherzogin Anna Katharina und ihren Töchtern[8] gibt einen kleinen Einblick in die Anlage: Ein von hohen Mauern umgrenzter Garten – ein „giardino segreto" – mit achsialer Anlage, zentralem Springbrunnen und Beetgestaltung ist zu erkennen. Im Jahr 1782 wurde das Regelhaus durch Joseph II. aufgelöst und zur Kaserne umfunktioniert („Klosterkaserne", Neubau 1844/49). Dieser verborgene Garten, umgeben von hohen Mauern,

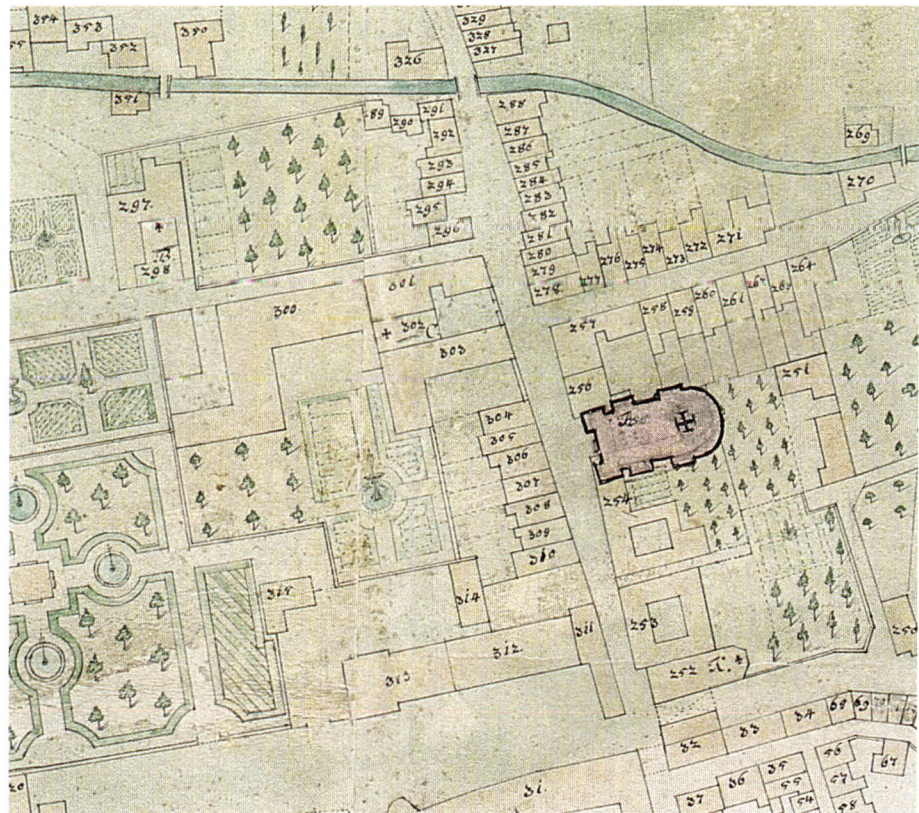

Mathias Perathoner, Plan von Innsbruck, 1776, Detail: Regelhausgarten

li. Seite: Johann Hoffingott, Erzherzogin Anna Katharina mit ihren zwei Töchtern, das Modell des Regelhauses betrachtend, 1606 (mit „Giardino segreto")

Innsbruck, Servitenkloster mit Gartenanlage, um 174o

bestand bis in jüngste Zeit und wurde erst kürzlich im Zuge des modernen Neubaues der Wirtschaftsuniversität geopfert.

Die zweite Klostergründung Anna Katharinas war das Serviten-kloster in der Maria-Theresien-Straße. Dem ersten Bau war keine lange Lebensdauer beschieden: Das 1614/16 errichtete Kloster fiel schon 1620 einem Brand zum Opfer und wurde 1621/26 wesentlich größer wieder aufgebaut. Ein Kupferstich von 1757[9] zeigt die gärtnerischen Anlagen: Drei Springbrunnen in der Mittelachse eines in geometrische Formen unterteilten Garten-parterres sowie eine Orangerie und eine grottenförmige Wand-nische in der Umfassungsmauer vermitteln den Eindruck eines großzügig angelegten Barockgartens. Ein Baumgarten im Südwesten sowie ein Nutzgarten vervollständigen das Bild. Der Garten wie auch große Teile des Klosters wurden beim Bombenangriff 1944 zerstört. Heute befinden sich an seiner Stelle ein Obstgarten und freie Rasenflächen.

Auch das auf 1641 Meter gelegene Stiftsgebäude „Maria Waldrast" verfügte über einen barocken Ziergarten mit hoher Fontäne[10]; vier ornamentierte Beete umschlossen eine Mittelfontäne, während im östlichen und westlichen Teil jeweils Nutzbeete angelegt waren. Eine nach Süden abschließende Baumreihe sowie ein Garten-gebäude (Orangerie?) befanden sich ebenfalls in dem von einer hohen Mauer umschlossenen Garten. Heute steht an derselben Stelle der Gastgarten der Klosterschenke.

Innsbruck, Servitenkloster, Kunstkammer: Eckschrank mit Gartenmotiven, 18. Jahrhundert

Matrei, Kloster Maria Waldrast mit barocker Gartenanlage, um 1740

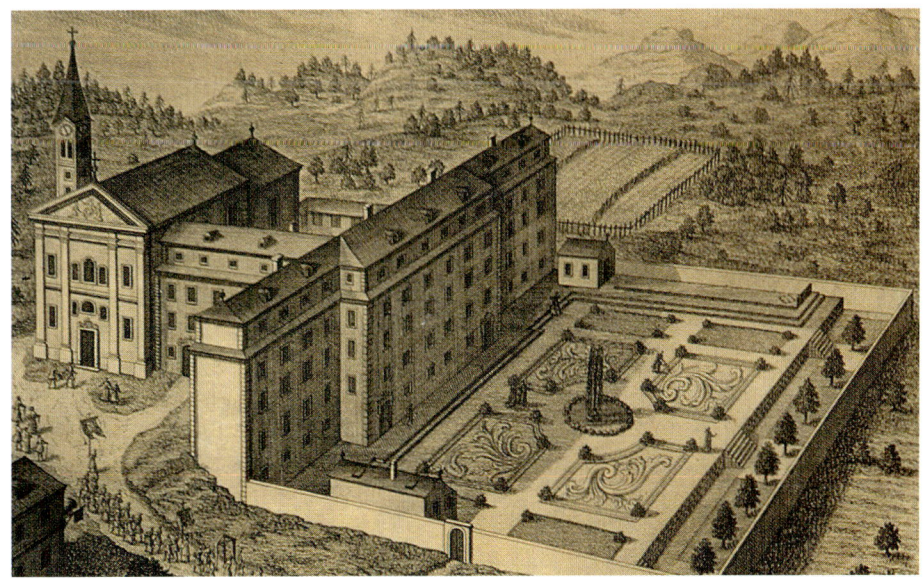

1) Über den Bau des Piszins s. M. Frenzel, Historische Gartenanlagen und Gartenpavillons in Tirol, phil. Diss. 1978, S. 249ff.
2) Nikolaus Schiel, Klosteransicht von 1673. Das Ölgemälde hängt in der Klausur von Kloster Neustift.
3) Josef Mutschlechner, Klosteransicht von 1830, Lithographie.
4) Casimir Grustner, Stiftsansicht 1736, lavierte Federzeichnung, Tiroler Landesmuseum Ferdinandeum, W 23505.
5) Zuschreibung erfolgte in M. Frenzel, op. cit. S. 289ff.

6) Gratulationsbild für Abt Rogerius Sailer mit Darstellung des Stiftes, 1754, Ölgemälde, Stift Stams.
7) Zuschreibung s. M. Frenzel, op. cit., S. 298f.
8) Johann Hoffingott, Anna Katharina mit ihren Töchtern empfiehlt das Regelhaus der Muttergottes, 1606, Kunstkammer der Serviten, Innsbruck.
9) Stiftsansicht des Innsbrucker Servitenklosters, 1757, Kupferstich, Kunstkammer der Serviten, Innsbruck.
10) Ansicht von Maria Waldrast, 1757, Kupferstich, Kunstkammer der Serviten, Innsbruck.

DER STILPLURALISMUS IN DER GARTENKUNST DES 19. JAHRHUNDERTS

„Zur Kur in den Garten":
Promenaden, Parks und Gärten in Meran

Ein biedermeierlicher Heilkräutergarten in Hall:
das Winklergut

Der Park als Hort der Heldenverehrung:
der Bergisel mit seinen Staffagebauten

Ein Jugendstilgarten im Saggen:
die Gartenarchitektur der Villa Fischer

Entiklar: ein historisierender Zaubergarten

„Zur Kur in den Garten":
Promenaden, Parks und Gärten in Meran

Der Historismus in Merans Villengärten

Seit dem Jahre 1848 wurde der Wunsch nach einem Kurhaus in Meran laut. Mildes Klima, gute Luft, eine südländisch anmutende Flora wie auch die regelmäßige Anwesenheit von Mitgliedern der Kaiserfamilie sorgten dafür, daß Meran zu einem Nobelkurort wurde, was das Vorhandensein von Hotels und Villen erforderte. So begann in Meran eine rege Bautätigkeit, wobei die Neubauten meist im historisierenden Stil errichtet und mit großzügigen Gärten und Parkanlagen versehen wurden.

Gerade in Meran kann man auch in den Gärten einen Stilpluralismus beobachten, wo Teppichbeete mit bekrönenden Palmen, Barockparterres oder englische Landschaftsparks nebeneinander bestanden. Begünstigt durch das außerordentlich milde Klima, finden sich in Meran neben Palmen, Zypressen und Platanen auch Zitronen-, Orangen- und Khakibäume, Zedern, Pinien, Mammutbäume, Akazien, Trompetenbäume und andere botanische Raritäten, umrahmt von einer üppigen Flora.

Von den Villen in Obermais sind vor allem Lindenburg, Hochrein, Eulenhorst, Sanssouci und der Ultenhof zu erwähnen,[1] wenngleich auch diese einstigen Prachtgärten in vielen Fällen starke Einbußen hinnehmen mußten.

Meran, Ultenhof, Villa und Park um 1900

li. Seite: Meran, Kurpromenade zur Jahrhundertwende

Meran, Kurhaus mit Promenade und
südlicher Vegetation

Meran, Kurpromenade mit ehemaligem
Musikpavillon um 1900

Der Kurpark als Ort der Erholung und Geselligkeit

Die Kurpromenade als Treffpunkt der feinen Gesellschaft wird mit der Entwicklung des Fremdenverkehrs immer wichtiger. Man trifft sich dort während der Kurzeit (11–15 Uhr), eigene Kurverordnungen werden herausgebracht und auch Rauchverbote erlassen; häufig werden Kurkonzerte geboten. Bänke laden zum Verweilen ein, Musikpavillons, Springbrunnen, botanische Raritäten, eine Winterwandelhalle, Büsten und Denkmäler bereichern das Ambiente. Der Kurgast sollte seinen Aufenthalt so angenehm wie möglich empfinden. Die elegante Welt der Donaumonarchie traf sich in den Kurorten und verbrachte vielfach die Wintermonate hier.

Besondere Verdienste um den frühen Fremdenverkehr in Meran haben sich Bürgermeister Josef Valentin Haller und der Kurarzt Dr. Franz Tappeiner erworben. Letzterer hatte Medizin und Botanik studiert und wandte vielfach Naturheilverfahren an. Durch die Anlegung des „Tappeiner-Weges" 1893, welcher mit tropischen Pflanzen sowie mit dem Denkmal seines Gönners geschmückt ist, erlangte er in Meran Unsterblichkeit.

Giselapromenade, Winterpromenade mit Wandelhalle sowie der Marie-Valerie-Garten haben vielleicht heute etwas von ihrer ursprünglichen Bedeutung eingebüßt, sind aber immer noch erholsame, anspruchsvolle Grünflächen im Zentrum der Stadt.

Meran, Winterwandelhalle um 1900

Ein biedermeierlicher Heilkräutergarten in Hall: das Winklergut

Der Innsbrucker Stadtapotheker Franz Seraphin Winkler erwarb 1842 in Hall ein 4o74 Quadratklafter (= rund 15.ooo m²) großes Grundstück und errichtete darauf Haus und Garten. Das große Interesse des Biedermeiers für Gartenbau und Botanik ließ hier eine Kombination zwischen Nutz- und Ziergarten entstehen, welche den beruflichen wie auch den privaten Intentionen des Hausherrn entsprach. Biedermeierlich arrangierte Blumenrondelle, eine überdachte Kegelbahn, ein Springbrunnen, eine Gloriette wie auch eine Eremitage sorgten für einen heiteren, erholsamen Aufenthalt im Garten für die ganze Familie. Diese biedermeierliche Idylle überliefern zwei Aquarelle, welche um 1845 entstanden und die Tendenz jener Zeit deutlich machen: Vermeidung von Pathos zugunsten der Beschaulichkeit. Der Garten war ein lebensfroher Ort mit bunten Blumenarrangements, an welchem man sich selbst erfreute und Freunde empfing. Die private Häuslichkeit wird durch die Staffagefiguren im Vordergrund, wie auch auf dem Eremitage-bild, aufgezeigt.

Zu diesem Garten haben sich noch detaillierte Bepflanzungsan-gaben mit Skizzen erhalten, die einen Einblick in den botanischen Wissensstand der damaligen Zeit geben. So wurden Beifuß, Eibisch,

Hall, Winklergut, Einsiedelei mit Biedermeierstaffage, um 1845

li. Seite: Hall, Winklergut, Vasenstele inmitten des Landschaftsparks

Tollkirsche, Bittersüßer Nachtschatten, Baldrian und Römische Kamille gepflanzt; daneben bezog Winkler aber auch mehrere Sorten Erdbeeren, die er zwischen die Rosen in eigenen Beeten pflanzte. Auch ein „Giftbeet" wurde angelegt, in welchem gefleckter Schierling, Sadebaum, Giftsumach, Fingerhut und Tollkirsche wucherten.[2] Somit konnte ein Teil des Apothekerbedarfs an speziellen Pflanzen gedeckt werden. Natürlich spielte dabei die botanische Experimentierfreude eine große Rolle. Durch die seit vielen Generationen bewahrten Traditionen der Apothekerfamilie Winkler sind diese interessanten Aufzeichnungen bewahrt geblieben, genauso wie ein „Gartennotizbüchlein" mit Schere und Pinzette (die Pinzette ist verlorengegangen), welches viel über die botanische Leidenschaft seines Besitzers aussagt.

Heute ist die „Biedermeierlichkeit" aus dem Winklergut verschwunden; in seinem gesamten Umfang erhalten, sind nur noch einzelne Relikte aus früheren Zeiten im weitläufigen Areal vorhanden: eine steinerne Jugendstil-Gartenbank, die sich isoliert inmitten der Grasfläche befindet, sowie einzelne auf Podesten stehende Vasen und Figuren, die von vergangenen Zeiten Zeugnis ablegen.

Hall, Winklergut, Statue einer antiken Göttin im Landschaftspark

Hall, Winklergut, Jugendstil-Gartensteinbank

li. Seite: Hall, Winklergut, Biedermeiergarten, um 1845

Der Park als Hort der Heldenverehrung:
der Bergisel mit seinen Staffagebauten

Der Bergisel im Süden von Innsbruck war nicht nur durch die Tiroler Freiheitskriege 1809 berühmt geworden, sondern war seit 1830 auch ein beliebtes Ausflugsziel vieler Innsbrucker. Der Schriftsteller und Historiograph Beda Weber schildert den Bergisel wie folgt: „Neue Bäume zierlichen Wuchses, unter anderen auch eine neue Art ausländischer Seidenbäume, Akazien, Platanen, Pappeln aller Art mit dem Schmucke aus- und inländischer Pflanzen, breiteten sich unzählig über die Hügelfläche aus, bald in geregelten Räumen, bald in zerstreuter Willkür . . . stattliche Plätze, der schönste am Bergrand mit einem Erfrischungshause, drei geschmackvoll entworfene und ausgeführte Schießstände, ziehen und fesseln jeden Besucher auf die angenehmste Weise" (1838) [3].

Weiters gab es am Rande des Parks verschiedene Belustigungen wie eine Kegelbahn, eine Schaukel, eine Rutsche sowie in der Mitte der Anlage einen zentralen Pavillon.

Ein wichtiges Ereignis fand am Bergisel am 15. August 1838 anläßlich der Erbhuldigungsfeier für Kaiser Ferdinand I. statt, als das Festschießen des Kaiserjägerregiments hier veranstaltet wurde und die Schießstände wie auch die anderen Baulichkeiten ihre Feuerprobe bestehen mußten. Das Volksfest, das anläßlich des hohen

Innsbruck, Bergisel, Schießstand, um 1838

li. Seite: Innsbruck, Bergisel, Denkmal für Kaiser Karl

Georg Wachter, Ansicht der Schießstätte
des k. k. Tiroler Jäger-Regiments,
Jubiläumsschießen 1838, mit zentralem
Pavillon und Biedermeierstaffage

Innsbruck, Bergisel, Pavillon und Pyramiden,
um 1840

Innsbruck, Bergisel, Aussichtspavillon

Besuches stattfand, wird uns von Georg Wachter[4] überliefert:
Biedermeierlich gekleidete, festlich gestimmte Besucher lustwandeln
in der Gartenanlage rund um den zentralen Pavillon; Tiroler in
Tracht, Soldaten, Kinder und Hunde mischen sich unter das ver-
gnügliche Ambiente. Deutlich sind am nördlichen Ende des Platzes
die zwei ursprünglich hölzernen Obelisken zu erkennen, welche
heute ein abgeschiedenes Dasein inmitten des inzwischen zuge-
wachsenen Waldes fristen. Auf der Anhöhe ist der Buchhof zu
erkennen, damals ein beliebtes Ausflugsziel der Innsbrucker Bevölkerung. Dieser mußte 1962/63 dem Bau des Olympia-Sprung-
stadions weichen.

Eine weitere Darstellung des Bergisels aus dem Jahre 1840[5] zeigt
ebenfalls die großzügige Platz- und Parkgestaltung mit dem zentralen Pavillon in der Mitte, den damals noch hölzernen Obelisken und
dem ehemaligen Schützenhaus (1845/48 errichtet, seit 1880 als
Kaiserjägermuseum in Verwendung). Auch der Empfang des jungen
Kaisers Franz Joseph 1852 spielte sich vor diesem Hintergrund ab.

Eine gravierende Änderung trat 1892 ein, als das von Heinrich Natter geschaffene und durch Spenden der Tiroler Bevölkerung ermöglichte Denkmal Andreas Hofers aufgestellt wurde: 1893 fand die feierliche Enthüllung wiederum im Beisein von Kaiser Franz Joseph statt. Die Platzgestaltung wurde verändert, und der Pavillon, der ursprünglich in der Mitte stand, an den Rand der Bergkante versetzt, wo er heute noch als Aussichtspavillon seine Funktion erfüllt.

Büsten von Feldherren und Kaisern, die Schießhütten und Obelisken, das Offizierscasino (Urichshaus, 1893/95), das Kaiserjägermuseum – all dies gab dem Bergisel einen martialischen Charakter inmitten einer gepflegten Parklandschaft. Heute ist der Parkcharakter durch jahrzehntelange Verwaldung fast völlig verlorengegangen, und die Relikte aus heroischen Zeiten dämmern im Schatten der Sportstätten vor sich hin.

Innsbruck, Bergisel, Pyramiden, heute inmitten des Waldes

li. Seite: Innsbruck, Bergisel, Denkmal von Andreas Hofer an der Stelle, wo vorher das Pavillon stand.

Ein Jugendstilgarten im Saggen:
die Gartenarchitektur der Villa Fischer

Die 1896/97 von Baumeister Jakob Norer errichtete Villa des Apothekers Carl Fischer im Innsbrucker Stadtteil Saggen wurde mit einer großzügigen Gartenanlage versehen, die heute noch mit ihren Jugendstil-Gartenarchitekturen erhalten ist.[6]

Baumgruppen aus der Erbauungszeit, vasenbekrönte Balustraden, Treppenanlagen, ein Teich, eine Pergola, ein Mauerpavillon sowie ein hölzernes Gartenhaus geben Zeugnis von der ursprünglichen Konzeption dieses Gartens. Eis- und Glashaus sind nicht mehr erhalten. Der dem Jugendstil zuzuordnende Pavillon in der nördlichen Gartenhälfte ist in direkter Sichtachse zur Gartenterrasse des Hauses im Jahre 1903 errichtet worden. Veduten von Edgar Mayr geben dem Inneren eine heitere Note.

An der rückwärtigen Hausfront befindet sich eine von steinernen Vasen flankierte, efeubewachsene Brunnenanlage, erreichbar über eine Treppenanlage, die direkt gegenüber dem Seerosenteich liegt. Eine in Jugendstilformen gehaltene ehemalige Kegelbahn befindet sich auf der Südseite des Hauses.

Innsbruck, Villa Fischer, Seerosenteich

Innsbruck, Villa Fischer, Jugendstilpavillon mit Winterverglasung

li. Seite: Innsbruck, Villa Fischer, Treppe mit Brunnenanlage und Seerosenteich

Entiklar: ein historisierender Zaubergarten

Der im Stil des Historismus umgestaltete Ansitz Thurmhof (Turmhof) in Entiklar/Kurtatsch wurde um 19oo von seinem damaligen Besitzer Johann Tiefentaler (1828–19o7) mit einer außergewöhnlichen Gartenanlage versehen. Darin finden sich verschiedene Teiche mit skurrilen Figuren, die, teilweise auf künstlich angelegten Inseln, Grotten und Hügeln stehend, Szenen aus der Mythologie, der Märchen- und Fabelwelt darstellen. Tiefentaler schuf phantasievolle Wesen aus Tropfsteinen, die „sein persönliches Welttheater vom Urmenschen über den Laokoon bis zum Dornröschen in historisierender Manier" zeigen.[7]

Bei der Betrachtung einer so stark manieristischen Natur- und Gartengestaltung fühlt man sich, wenn auch entfernt, an ein miniaturisiertes Bomarzo erinnert.[8]

Entiklar/Kurtatsch, Ansitz Thurmhof, Zauberwesen

li. Seite: Entiklar/Kurtatsch, Ansitz Thurmhof, Teich mit Zauberwesen, um 19oo

1) A. Pixner-Pertoll, Meraner Villenbau um die Jahrhundertwende. Ein Beitrag zur Wohnkultur im 19. Jahrhundert, 1990.

2) Pflanzenangaben und nähere Beschreibung bei A. Winkler, Ein Apotheker-garten im Biedermeier, in: Irdische Paradiese. Historische Gartenarchitektur in Tirol, hrsg. vom Amt der Tiroler Landesregierung, Kulturabteilung (Kulturgüter in Tirol 2) 1997, S. 45f.

3) Zit. aus: M. Forcher, Der Bergisel und seine wechselvolle Geschichte, in: Tirol – immer einen Urlaub wert, Winter 1983/84, Nr. 23, 39 – 68, S. 48.

4) Georg Wachter, Die Schießstätte am Bergisel bei Innsbruck, Farblithographie, 1838, Tiroler Landesmuseum Ferdinandeum, F.B. 7929.

5) Pyramiden, Pavillon, 1840, Lithographie, Tiroler Landesmuseum Ferdinandeum, W 10496.

6) Österreichische Kunsttopographie, Bd. XLV, Die Kunstdenkmäler der Stadt Innsbruck, II. Teil: Die Profanbauten. Mit Ausnahme der Altstadt und den Erweiterungen der Renaissance, 1981, S. 217ff, und Patrick Werkner, Villen Jakob Norers, 1978, S. 2333ff.

7) W. Kofler-Engl, „Und noch zwei Gärten", in: Irdische Paradiese, op. cit., S. 55.

8) Bomarzo: In der Mitte des 16. Jahrhunderts wurde von Pirro Ligorio nahe dem Familiensitz der Prinzen Orsini der „Bosco Sacro" (= heiliger Hain) angelegt; er gilt heute als Musterbeispiel des Manierismus.

GARTENKUNST
DES 20. JAHRHUNDERTS IN TIROL

„Kunst im Garten":
ein privater Skulpturenpark in Arzl

Der „Kopf des Riesen":
ein Beitrag zur modernen Gartenkunst

„Kunst im Garten": ein privater Skulpturenpark in Arzl

Zu den hervorragendsten Beispielen privaten Mäzenatentums in Tirol zählt die Kunstsammlung der Stiftung Dr. Wolfgang Klocker, welche sich auch im Garten manifestiert. Hier entstand seit den 60er Jahren eine spannungsreiche Wechselwirkung zwischen Kunstwerk und umgebender Grünfläche. Die von verschiedenen Künstlern, u. a. von Hubert Elsässer, Elmar Trenkwalder, Rudi Wach, Oswald Oberhuber, Siegfried Anzinger oder Hellmut Bruch geschaffenen Plastiken sind in der weitläufigen, gepflegten Parkanlage aufgestellt und harmonisieren bestens mit ihrer Umgebung. Hier wird der Garten selbst in einer optimalen Form nicht nur als Rahmen, sondern als eigenständiges modernes Kunstwerk präsentiert. War der Garten in vergangenen Zeiten durch seine historische Architektur sowie durch die Vielfalt seiner Bepflanzung ein Gesamtkunstwerk, so gewinnt auch der Skulpturenpark des 20. Jahrhunderts zunehmend an Bedeutung, wobei dem Garten die Rolle als wichtiger Freiraum für Kunstwerke genauso zukommt wie als rahmendes Beiwerk.

Die Skulpturenparks im Landschaftsgarten von Schloß Ambras wie auch im Kleinen Hofgarten zeigen durch wechselnde Ausstellungen die unterschiedliche Wirkung des grünen Freiraumes für bildende Kunst auf und werden auch äußerst positiv aufgenommen.

Innsbruck-Arzl, Stiftung Dr. W. Klocker:
Elmar Trenkwalder, Nymphea, 1992

Oswald Oberhuber, Böse Figur
„Cheffalo", 1949

Hubert Elsässer, Blüte 1980

li. Seite: Elmar Trenkwalder,
Schlangenkönigin, 1995

Der „Kopf des Riesen": ein Beitrag zur modernen Gartenkunst

Seit seiner Entstehung im Jahre 1995 ist der „Kopf des Riesen" von André Heller längst zu einem „landmark" für die Kristallwelten geworden, zu einem phantasievollen Zeichen am Eingang in eine unterirdische Welt voller Überraschungen. Wohl mag Heller sich inspiriert haben am heiligen Hain von Bomarzo, wo im 16. Jahrhundert Pirro Ligorio für Kardinal Ippolito d'Este eine Zauberwelt entstehen ließ. Mit der Umsetzung dieses manieristischen Gedankengutes am Ende des 20. Jahrhunderts setzte Heller einen bedeutenden Akzent in der modernen Gartengeschichte. Verschiedene Metaphern drängen sich auf, wie das „ewig im Fluß Bleibende" (= fließendes Wasser) oder das „ewig Leuchtende" (= Augen des Riesen) – wobei der Riese des André Heller durchaus liebenswerter erscheint als das furchteinflößende Ungeheuer von Bomarzo, das auch das „Maul der Hölle" genannt wurde.

Auch der Irrgarten in Form einer Hand greift auf alte Gartentraditionen zurück und stellt so die Verbindung zwischen historischer Betrachtung und moderner Ausdrucksweise dar.

Wattens, Kristallwelten, Labyrinth

li. Seite: Wattens, Kristallwelten, André Heller, Kopf des Riesen, 1995

Literatur

Bödefeld G. / Hinz B., Die Villen der Toscana und ihre Gärten, 1991

Buttlar A. v., Der Landschaftsgarten. Gartenkunst des Klassizismus und der Romantik, 1989

Canestrini M., Bauerngärten in Tirol und im Trentino (Arunda 21) 1987

Czok K., August der Starke und seine Zeit, 1989

Dressler H., Alexander Colin. Dissertation, 1973

Enge T. O. / Schröer C. F., Gartenkunst in Europa. 145o – 18oo, 1994

Frenzel M., Historische Gartenanlagen und Gartenpavillons in Tirol, phil. Diss. Innsbruck, 1978

Frenzel M., Tirol, in: Hajós G. (Hrsg.), Historische Gärten in Österreich. Vergessene Gesamtkunstwerke, 1993, 188 – 2o4

Gothein M. L., Geschichte der Gartenkunst, 2 Bände, 1926

Günther H. / Herre V., Gärten der Goethezeit, 1993

Hajós G., Die Schönbrunner Schloßgärten. Eine topographische Kulturgeschichte, 1995

Hajós G., Romantische Gärten der Aufklärung. Englische Landschaftskultur des 18. Jahrhunderts in und um Wien, 1989

Hansmann W., Gartenkunst der Renaissance und des Barock, 1983

Hartogh N. de / Smit D., Barockgärten. Wunderbare Pflanzenwelt, 1995

Hausenblasova J. / Sronek M., Urbs Aurea. Das Rudolfinische Prag, 1997

Heller A., Die Zaubergärten des André Heller, 1996

Hennebo D. / Hoffmann A., Geschichte der Gartenkunst, 3 Bände, 1962/65

Irdische Paradiese. Historische Gartenarchitektur in Tirol, hrsg. v. Amt der Tiroler Landesregierung, Kulturabteilung (Kulturgüter in Tirol 2) 1997 [mit Beiträgen von: Auböck M., Auer A., De Jong E., Felmayer J., Frenzel M., Hajós G., Kofler-Engl W., Winkler A. u. a.]

Kleiner S., Wiennerisches Welttheater. Das barocke Wien in Stichen, 8 Bände, Augsburg 173o – 174o [Nachdruck hrsg. v. H. Aurenhammer u. a., ab 1967]

Kleßmann E., Fürst H. Pückler-Muskau. Gartenkünstler, Literat u. Kosmopolit, 1992

Kofler-Engl W., Der Herrengarten bei der fürstbischöflichen Hofburg in Brixen. Bericht einer Rekonstruktion, in: Denkmalpflege in Südtirol 1991 – 1995, 1997

Landsberg S., The Medieval Garden, 1995

Masson Georgina, Italienische Gärten, 1962

Mosser M. / Teyssot G., L'architettura dei giardini d'Occidente dal Rinascimento al Novecento, 199o

Niedermeier M., Erotik in der Gartenkunst, 1995

Österreichische Kunsttopographie, Bd. XLVII, Die Kunstdenkmäler der Stadt Innsbruck. Die Hofbauten [mit Beiträgen von: Scheicher E. (Schloß Ambras, Park), Frenzel M. (Hofgarten), Felmayer J. (Hofbauten)], 1986

Pixner-Pertoll A., Meraner Villenbau um die Jahrhundertwende. Ein Beitrag zur Wohnkultur im 19. Jahrhundert, 199o

Plumptre G., The Garden Makers. The great tradition of garden design from 16oo to the present day, 1993

Potsdamer Schlösser und Gärten. Bau- und Gartenkunst vom 17. bis zum 2o. Jahrhundert, Katalog zur Ausstellung, 1993

Pückler-Muskau H. Fürst v., Andeutungen über Landschaftsgärtnerei, 1834 [neu herausgegeben mit Einleitung von Kruse-Rodenacker A., 1977]

Riedl-Dorn C., Botanik und Gartenkunst im Wiener Vormärz, in: Bürgersinn und Aufbegehren, Katalog Wien 1988

Saudan M. / Saudan-Skira S., Zauber der Gartenwelt, 1997

Von denen schönen Gärten. Barocke Gartenkunst in Polen und Sachsen, 1697 – 1763, Katalog zur Doppelausstellung Warschau-Großsedlitz, 1997

Steinegger F., Aus der Geschichte des Innsbrucker Hofgartens, in: Walde K., Der Innsbrucker Hofgarten und andere Gartenanlagen in Tirol (Schlern-Schriften 231) 1964

Wengel T., Gartenkunst im Spiegel der Zeit, 1985

Zimmeter Kunibert, Gartenhäuser in Nordtirol, in: Tiroler Heimatblätter 4, 1926

Ortsregister

Namensregister

Bildnachweis

Archiv Prazskeho hradu, Prag: 26 un.
Arnold Herta, Kunstkataster: 45, 84 ob., 85 ob.
Bayerische Staatsbibliothek, München: 24 ob. (Foto: Aichner)
Bayerische Verwaltung der staatl. Schlösser, Gärten und Seen, Schloß Nymphenburg, München: 4o ob., 63 ob./un.
British Museum, London: 18 (Repro: Aichner)
Bundesgärten Innsbruck, Hofgartenverwaltung: 11, 64 (Foto: Aichner)
Castello del Buonconsiglio, Trient: 21 un.
Deutsche Verlags-Anstalt, Stuttgart: 41 ob.
Diözesanmuseum Brixen: 81 (Foto: Aichner)
Edition Leipzig, Harri Günther, Gärten der Goethezeit, S. 65: 38
Frenzel Monika: 23 un., 24 un., 25, 26 ob., 32, 33 un., 34 mi., 34 un., 35 ob., 79 un., 89 ob./un.
Foto Gaggl, Lienz: 69
Fotoarchiv des Amtes für Bau- und Kunstdenkmäler, Autonome Provinz Bozen: 12, 8o, 88, 92, 94, 95, 148, 149 (Foto: Kienzl Harald / Waldner Hubert)
Hajós Géza: 16, 44, 52 ob., 54 ob., 82, 84 un., 85 un., 114, 124
Kloster Neustift: 35, 113 (Foto: Aichner)
Klosterbibliothek St. Gallen: 19 (Repro: Aichner)
Kristallwelten, Wattens: 154, 155
Kunsthistorisches Museum Wien und Schloß Ambras: 28 un., 3o un., 31 ob., 51, 54 un., 57
Museo Topografico, Florenz: 23 ob. (Repro: Aichner)
Nationalbibliothek, Wien: 22, 28 ob., 52 un., 62 ob.
Neuner Sabine: 13, 146, 147 ob.
Privatarchiv Toggenburg: 93
Privatbesitz Meran: 132, 134 ob./un., 135 (Repro: Aichner)
Schedelsches Kunstinstitut, Frankfurt: 2o (Repro: Aichner)
Serviten-Kunstkammer: 126 (Foto: Arnold), 128, 129 ob./un. (Foto: Aichner)
Staatliche Museen, Preußischer Kulturbesitz, Kupferstichkabinett, Berlin: 27 ob. (Repro: Aichner)
Stift Stams: 119 (Foto: Aichner)
Stiftung Dr. Wolfgang Klocker: 151,152, 153 ob./mi./un.
Struger Alice: 149
Tiroler Landesarchiv, Innsbruck: 37, 4o un., 6o, 61, 62 un., 68, 127 (Foto: Aichner)
Tiroler Landesmuseum Ferdinandeum, Innsbruck: 59, 75 (Foto: Frischauf), 3o ob., 31 un., 5o, 117 un., 142 ob./un. (Foto: Aichner)
Universitätsbibliothek Innsbruck: 29, 39 un., 58 (Foto: Aichner)
Wiesenhofer Hans, Wien: 39 ob.

Aichner Bernhard
Umschlagbild, Vorsatz, 1, 3, 6, 8, 1o, 14, 15, 21 ob., 27 un., 29 ob., 33 ob., 34 ob., 36, 42 ob./un., 43 ob./un., 53 ob./un., 55 ob./un., 56, 65 ob./un., 66, 67 ob./un., 72, 73, 74, 76, 77 ob./un., 78, 79 ob., 83, 86, 87 ob./un., 9o, 91 ob./un., 96 – 1o9, 112, 115 ob./un., 116, 117 ob./mi., 118, 12o – 123, 125, 133, 136 – 141, 143 – 145, 147 un.

NORDTIROL

INNSBRUCK
- ▲ Hofgarten
- ▲ Schloß Ambras, Gartenanlagen
- ◆ Schloß zu Mühlau
- ◆ Palais Trapp, Garten
- ▲ Rapoldipark
- ◆ Klostergarten Wilten
- ▣ Gartensaal Wilten
- ▲ Bergisel
- ◆ Villa Fischer
- ◆ Skulpturenpark Dr. Klocker, Arzl

HALL
- ▲ Stiftsgarten
- ▣ Stiftssaal
- ◆ Winkler'scher Garten

ABSAM
- ▣ Schloß Melans, Garten

WATTENS
- ▲ Kristallwelten, Gartenanlagen

REITH b. BRIXLEGG
- ▲ Schloßpark Matzen

PETTNAU
- ◆ Ehem. Ansitz Sternbach, Garten

FLAURLING
- ▲ Risgebäude, Pfarrgarten

STAMS
- ▲ Kloster Stams, Prälatengarten, Orangerie und Glorietten

SÜDTIROL

MAREIT
- ◆ Schloß Wolfsthurn, Garten

STERZING
- ◆ Ansitz Jöchlsthurn, Garten

RODENECK
- ◆ Schloß Rodenegg, Garten

NEUSTIFT b. BRIXEN
- ▣ Kloster Neustift, Konventgarten

BRIXEN
- ▲ Herrengarten
- ◆ Hofburg, Baumgarten

BOZEN
- ◆ Schloß Toggenburg, Park

MERAN
- ▲ Kurpark und Kurpromenaden
- ▲ Tappeinerweg

OSTTIROL

LIENZ
- ◆ Hofgarten

ERKLÄRUNG:
- ▲ öffentlich zugänglich
- ▣ nur mit Führung
- ◆ privat

Die Drucklegung dieses Buches unterstützten:

Bundesministerium für Unterricht und kulturelle Angelegenheiten

Kulturabteilung im Amt der Tiroler Landesregierung

Amt für Kultur der Südtiroler Landesregierung

Stadt Innsbruck

Die Deutsche Bibliothek – CIP-Einheitsaufnahme

Frenzel, Monika:
Gartenkunst in Tirol von der Renaissance bis heute :
historische Gärten in Nord-, Ost- und Südtirol / Monika
Frenzel. – Innsbruck ; Wien : Tyrolia-Verl., 1998
ISBN 3-7022-2124-7

1998
© Verlagsanstalt Tyrolia, Innsbruck
Umschlaggestaltung: nuovoline, w+b niederkircher, Innsbruck,
unter Verwendung eines Fotos von Bernhard Aichner
Layout und digitale Gestaltung: nuovoline, w+b niederkircher
Lithographie: Laserpoint, Innsbruck
Druck: Athesia-Tyrolia Druck, Innsbruck
Bindung: MM-Buch, Innsbruck
ISBN 3-7022-2124-7